ALI
GÜNGÖRMÜS

kombinieren,
teilen, genießen

MEZE
VEGETARISCH

PERA
MEZE
A. Güngörmüs

ALI
GÜNGÖRMÜS

✦

kombinieren,
teilen, genießen

MEZE VEGETARISCH

Mit Fotografien von Sandra Eckhardt

DK

Meze – eine kleine Kulturgeschichte

Als Meze bezeichnet man im östlichen Mittelmeerraum kleine kalte und warme Gerichte, die als Vorspeise oder als unkomplizierte Zwischenmahlzeit gereicht werden. Ursprünglich stammt der Begriff Meze, so die Vermutung, aus dem Persischen mazze bzw. mazīdan für »Geschmack« bzw. »Imbiss«. Der Begriff hat sich in vielen Ländern und Kulturen rund um das Mittelmeer etabliert. Deshalb kann uns je nach Region auch die Schreibweise Mezze, Mese, Mazza oder Meza begegnen.

Auf einem Meze-Teller findet sich meist eine bunte Ansammlung verschiedener Dips, Salate, Teigtaschen und gebratener, geschmorter oder gefüllter Gemüse. Dazu bekommt man Fladenbrot, Oliven und Olivenöl gereicht. Für Freunde der vegetarischen und veganen Küche sind Meze eine wahre Freude.

Oft werde ich gefragt, wie viele Meze pro Person benötigt werden. Ich plane meist die Anzahl der Personen mal zwei. Bei vier Personen würde ich also acht Meze vorbereiten – Brot und Dips mit eingerechnet. Die Rezepte im Buch sind, wenn nicht anders angegeben, für vier Personen berechnet. Übrigens stelle ich die kalten Meze und das Brot meist direkt auf den Tisch, die warmen kommen dann nach und nach dazu.

Um es euch so einfach wie möglich zu machen, sind Flüssigkeiten in Gramm angegeben, wenn diese zusammen mit anderen Zutaten in einer Schüssel abgewogen werden. Aber selbstverständlich könnt ihr auch einen Messbecher verwenden. Rechnet dann Gramm in Milliliter 1:1 um, also 100 g Orangensaft = 100 ml Orangensaft.

INHALT

PAGEOU
A. Güngörmüs

Meine Meze

Dieses Kochbuch ist mir ein ganz persönliches Anliegen. Es vereint so vieles, was mir am Herzen liegt:

- die vegetarische Ernährung, die ich schon länger für mich entdeckt habe und die mir geholfen hat, mich wie neugeboren zu fühlen,
- die Lust am unkomplizierten gemeinsamen Essen mit Freunden und Familie, was mir sehr viel bedeutet,
- die Gerichte der mediterran-orientalischen Küche, die von Aromen, Gewürzen, Frische und Vielfalt geprägt sind.

Ich habe sehr darauf geachtet, dass die Rezepte leicht machbar und die Zutaten einfach zu bekommen sind – das meiste gibt es im Supermarkt um die Ecke. So könnt ihr ohne Probleme loslegen. Dazu möchte ich euch ermutigen.

Meze sind mehr als eine Vorspeise: Sie sind eine Lebenseinstellung. Sie stehen für Gastlichkeit, Vielfältigkeit, Geselligkeit und Genuss. Wer jemals in einer türkischen Familie eingeladen war, kennt es: Kaum sitzt man, wird ein Tablett mit Leckereien gereicht. Man trinkt Tee (oder Stärkeres), isst, redet und vergisst die Zeit.

Probiert es aus, kombiniert, verwöhnt eure Freunde und Familie und seid mittendrin. Dadurch, dass viele Rezepte vorbereitet werden können, vieles auch kalt serviert wird, ist euer Platz am Tisch und nicht in der Küche. Bei den Kombinationen könnt ihr eigentlich auch nichts falsch machen. Trotzdem habe ich bei vielen Gerichten eine Empfehlung für ergänzende Meze gegeben und auch die im Buch abgebildeten Tische sollen euch inspirieren. Übrigens, Brot passt immer und überall. Deshalb beginnt das Buch auch mit leckeren Brotrezepten.

Gutes kann ganz einfach sein. Mit hochwertigen frischen Zutaten, den richtigen Rezepten und ein wenig Zeit ist es möglich, unglaublich leckere Gerichte auf den Tisch zu stellen. Durch die Kombination aus Gemüse, Hülsenfrüchten, Getreide, Aromen und Gewürzen entstehen Meze, die euch direkt in meine ursprüngliche Heimat, die Türkei, entführen. Viele Gerichte sind meine Interpretation der Klassiker aus der Küche meiner lieben Mutter, andere sind ganz neu oder auch von anderen Länderküchen inspiriert.

Ich möchte, dass ihr mit Lust und Laune nach dem Buch kochen könnt und nicht gestresst seid. Daher war es mein Ziel, alles möglichst intuitiv und einfach zu handhaben. Habt Spaß beim Kochen! Euer Ali

BROT UND GEBÄCK

Frisch gebackene Pide, Yufka aus dem eigenen Backofen, knusprig frische Sesamkringel – diese Gebäcke passen auf jeden Meze-Tisch. Dabei ist es nicht schwierig, eigenes Brot zu backen, es braucht nur etwas Zeit und Geduld. Aber wenn es köstlich nach Brot duftet und die Gäste begeistert sind, hat sich die Mühe auf jeden Fall gelohnt.

Pide ist ein etwas dickeres Fladenbrot, das oft mit Sesam und Schwarzkümmel bestreut wird. Letzterer verleiht dem Brot seinen typischen würzigen und einzigartigen Geschmack. Ursprünglich stammt Pide aus der nordtürkischen Stadt Samsun am Schwarzen Meer.

Pide

ergibt 4 Stück

Teig

600 g Mehl
20 g frische Hefe
8 g Zucker
12 g Salz
70 ml Olivenöl
50 g Joghurt
300 ml Milch

Topping

2 EL Olivenöl
1 EL Thymianblättchen
1 TL Ras el-Hanout

Alle Zutaten zu einem Teig verkneten. Den Teig abdecken und gehen lassen, bis er das Volumen verdoppelt hat. Teig in vier gleich große Stücke teilen und diese zu Kugeln formen. Dabei soll der Teig Spannung bekommen und eine glatte Oberfläche aufweisen. Die Teigkugeln nochmals gehen lassen. Backofen auf 225 °C Umluft vorheizen.

Die Teigkugeln 1 cm dick ausrollen und mit dem Finger Kuhlen in den Teig drücken. Mit Olivenöl beträufeln und mit Thymian und Ras el-Hanout bestreuen. Im vorgeheizten Backofen 20 Minuten goldbraun backen.

Bazlama, das fluffige Fladenbrot, ist in wenigen Minuten in der Pfanne gebacken. Daher kann es immer wieder frisch auf den Tisch gestellt werden, denn am leckersten ist es, wenn die Butter noch nicht ganz eingesogen ist.

Bazlama

ergibt 8 Stück

500 g Mehl
½ Packung Trockenhefe
2 EL Sonnenblumenöl
1 Eigelb
2 EL Milch
2 TL Salz
220 ml Wasser

4 EL Sonnenblumenöl zum Braten
2 EL flüssige Butter

Mehl und Trockenhefe mischen. Die restlichen Zutaten zugeben und zu einem glatten Teig verarbeiten. Den Teig in eine Schüssel geben, zudecken und 1 Stunde an einem warmen Ort gehen lassen. Den Teig zu einer langen Rolle formen und diese in 8 gleich große Teile schneiden. Jedes Stück zu einer Kugel formen und mit einem Nudelholz auf einer bemehlten Arbeitsfläche 5 Millimeter dünn ausrollen. Die Teigfladen mit etwas Mehl bestäuben, auf ein Backblech legen, mit einem Handtuch bedecken und 30 Minuten gehen lassen. Die Teigfladen in einer beschichteten Pfanne mit etwas Sonnenblumenöl 2 Minuten auf jeder Seite braten. Die knusprigen Fladen mit zerlassener Butter bestreichen und warm servieren.

Focaccia ist ein sehr traditionelles Gebäck, das bereits in der Römerzeit unter dem Namen »panis focacius« bekannt war. Der Name weist auf die Herstellung der Fladen hin, denn dieser bedeutet »in der Herdasche gebackenes Brot«.

Focaccia

ergibt 1 Brot

375 g Mehl
260 ml Wasser
10 g Zucker
75 g Olivenöl
42 g frische Hefe
10 g Salz
60 g Röstzwiebeln

30 g schwarze Oliven, entsteint
jeweils 1 TL fein gehackter Rosmarin, Oregano und Knoblauch

3 EL Olivenöl (für das Backblech)

Mehl, Wasser, Zucker und Olivenöl in einer Küchenmaschine verrühren. Hefe zerbröseln und dazugeben. Den Teig 8 Minuten auf kleiner Stufe kneten. Salz und die Röstzwiebeln hinzufügen und unterkneten.

Den Teig gehen lassen, bis er sich verdoppelt hat (etwa 1 ½ Stunden). Ein Backblech (Ø 28 cm) mit 3 EL Olivenöl bestreichen. Den Teig mit nassen Händen auf dem Blech ausbreiten – er darf ruhig einige tiefe Mulden bekommen. Die Oliven sowie die gehackten Kräuter und den Knoblauch gleichmäßig auf dem Teig verteilen. Mit einem zweiten Blech den Teig abdecken und nochmals 1 Stunde gehen lassen. Nach 30 Minuten den Backofen auf 180 °C vorheizen. Die Oberfläche des Teiges mit Wasser besprühen. Die Focaccia im Backofen 35 Minuten goldbraun backen.

Nach Belieben kann man die Focaccia auch mit Pinienkernen und anderen Kräutern wie z. B. Thymian bestreuen.

Yufkafladen sind dünn am leckersten. Nicht umsonst bedeutet Yufka: dünn oder flach. Da das Backen der Fladen so schnell geht, solltet ihr die Pfanne stets im Auge behalten und euch daran freuen, wie sich Blasen und braune Stellen bilden.

Yufka

ergibt etwa 8 Fladen

500 g Weizenmehl
½ TL Trockenhefe
½ TL Zucker
200 g Wasser
100 g Milch
25 g Sonnenblumenöl
1 TL Salz

Alle Zutaten außer Salz in eine Küchenmaschine geben. Auf kleinster Stufe 6 Minuten kneten. Das Salz zugeben und weitere 3 Minuten kneten. Den Teig in eine Schüssel geben, zudecken und 1 Stunde ruhen lassen.

Den Teig zu einer Rolle formen. Diese in 8 gleich große Stücke schneiden und zu Kugeln rollen. Die Kugeln auf ein Backblech geben, mit einem feuchten Tuch bedecken und nochmals 20 Minuten ruhen lassen.

Auf einer bemehlten Arbeitsfläche jede Teigkugel mit einem Nudelholz dünn zu einem runden Fladen ausrollen. Eine beschichtete Pfanne erhitzen, aber kein Fett zugeben. Die Fladen nacheinander von jeder Seite etwa 1 Minute backen. Wenn sie Blasen bilden, sind sie perfekt. Die Fladen aufeinanderlegen und bis zum Servieren oder Weiterverarbeiten mit Folie bedecken.

Was im Süddeutschen die Brezel, ist in der Türkei Simit. Dieser Sesamring wird an mobilen Ständen an jeder Straßenecke verkauft. Den besonderen Geschmack bekommt das Gebäck durch Traubensirup (im Original Pekmez, eine Traubenmelasse) und Sesam.

Simit (Sesamringe)

ergibt 6 Stück

Teig
200 ml Wasser
150 ml Milch
20 g frische Hefe
2 EL Zucker
600 g Weizenmehl (Type 405)
1 TL Salz
2 EL Sonnenblumenöl

Wasser und Milch in einen Topf geben und lauwarm werden lassen (35 °C). Hefe und Zucker darin auflösen. Weizenmehl in eine Schüssel geben. Aufgelöste Hefe, Salz und Sonnenblumenöl zugeben und zu einem Teig verkneten. Abgedeckt an einem warmen Platz gehen lassen, bis sich das Volumen verdoppelt hat. Teig nochmals aufschlagen und erneut 15 Minuten gehen lassen.

Teig in 12 gleich große Stücke teilen und diese jeweils zu einem fingerdicken, etwa 40 cm langen Strang rollen. Jeden Strang auf der Hälfte zusammenlegen, zwirbeln, zu einem Ring formen und die Enden gut miteinander verschließen.

Sesambelag

3 EL Traubensirup (oder Zuckerrübensirup)
100 ml Wasser
100 g Sesam

Traubensirup mit dem Wasser mischen und in einen tiefen Teller geben. Sesam in einen zweiten Teller geben. Teigringe zuerst in die Flüssigkeit, dann in den Sesam tauchen und mit ausreichend Abstand auf einem Backblech ablegen. 20 Minuten ruhen lassen. Backofen auf 190 °C vorheizen. Die Sesamringe im vorgeheizten Ofen 15-20 Minuten backen.

Es braucht nur zwei Zutaten, Parmesan und Pistazienkerne, um diese leckeren Chips herzustellen. Die Pistazien könnt ihr natürlich durch andere Nüsse ersetzen. Nicht vergessen: Je weniger Zutaten, umso mehr spielt die Qualität der Produkte eine Rolle.

Parmesan-Pistazienchips

100 g Parmesan
30 g Pistazienkerne

Den Backofen auf 180 °C vorheizen. Ein Backblech mit Backpapier auslegen.

Parmesan fein reiben. Den geriebenen Parmesan dünn und gleichmäßig auf das Blech streuen. Die Pistazien sehr fein hacken und auf den geriebenen Parmesan streuen – die grünen Pistazien sehen nicht nur toll aus, sie sorgen auch für einen süßlichen und gleichzeitig würzigen Geschmack.

Das Backblech in den vorgeheizten Ofen geben. Wenn der Parmesan zerlaufen und schön goldgelb ist, das Blech herausnehmen und abkühlen lassen. Nach dem Auskühlen in größere Chips brechen.

TIPP

Wichtig ist, dass der Parmesan eine schöne goldgelbe Farbe hat, bevor man das Blech aus dem Ofen holt. Ist der Parmesan zu blass, enthält er noch zu viel Feuchtigkeit und die Chips werden nicht richtig knusprig.

Fingerfood

Gefüllte Brote und Teigtäschchen sind immer für eine Überraschung gut: Ob mit Schafskäse oder mit duftenden Kräutern gefüllt, mit Olivenpaste bestrichen oder mit Feigen belegt – sie sind ideal für ein gemeinsames Essen oder für einen Snack aus der Hand.

Gözleme sind ein sehr traditionelles türkisches Gebäck, das ursprünglich auf einem heißen Stein gebacken wurde, später dann auf dem Sac, einer gewölbten heißen Platte. Die beliebteste Füllung ist die mit Feta, Spinat und Kräutern. Ich liebe die Variante mit Feta, Minze, Petersilie und Pinienkernen.

Gözleme

Teig

260 g Mehl
150 g lauwarmes Wasser
5 g Salz
8 g Sonnenblumenöl

Alle Zutaten in einer Küchenmaschine zu einem geschmeidigen Teig verkneten. Den Teig in eine Schüssel geben, mit Frischhaltefolie verschließen und 30 Minuten ruhen lassen.

Was dazu passt

Auberginen-Tomatencreme S. 48
Kräutersalat S. 68

Füllung

200 g Feta
½ Bund Minze, gehackt
1 Bund Petersilie, gehackt
30 g Pinienkerne, geröstet
Pfeffer

Feta grob reiben. Gehackte Kräuter und geröstete Pinienkerne dazugeben. Mit schwarzem Pfeffer aus der Mühle würzen und alles gut miteinander vermengen.

Den Teig in 4 Teile schneiden und nacheinander auf einer bemehlten Fläche dünn ausrollen (etwa 25 cm Ø). Je ein Viertel der Käsefüllung auf einer Hälfte der ausgerollten Fladen verteilen. Die andere Seite darüber klappen, sodass ein Halbkreis entsteht. Die Gözleme in einer beschichteten Pfanne bei milder Hitze von jeder Seite etwa 3 Minuten knusprig backen.

Ich liebe es, Teig zu kneten und ihn in der warmen Küche gehen zu sehen. Es gibt aber immer noch viele, die Angst vor Hefeteig haben. Das ist absolut nicht nötig. Wenn ihr euch an das Rezept haltet, wird der Teig auf jeden Fall aufgehen. Aber Achtung: Die Küche sollte warm sein. Teig liebt Temperaturen von über 20 °C, noch besser sind 25 °C. Falls es in eurer Küche eher kühl ist, lasst den Teig 15 Minuten länger ruhen.

Pogaca mit Schafskäse-Petersilienfüllung

Teig

40 g Milch
60 g Wasser
½ Packung Trockenhefe
½ TL Zucker
100 g türkischer Joghurt (10 % Fett)
350 g Weizenmehl (Type 405)
½ Packung Backpulver
1½ TL Salz

Alle Zutaten in eine Küchenmaschine geben und 4 Minuten lang auf kleiner Stufe kneten. Den Teig zu einer Rolle formen und diese in 8 Stücke teilen. Jedes Teigstück zu einer Kugel formen. Die Teigkugeln abdecken und 45 Minuten ruhen lassen.

Füllung

100 g Schafskäse, fein zerbröselt
1 EL gehackte Petersilie
Salz, Pfeffer

Alle Zutaten vermischen und abschmecken.

Zubereitung

1 Eigelb
½ TL Schwarzkümmel

Den Backofen auf 190 °C vorheizen. Die Teigkugeln nacheinander auf einer bemehlten Arbeitsfläche 5 mm dick ausrollen. Jeweils einen gehäuften Teelöffel der Füllung darauf platzieren. Die Teigfladen gleichmäßig aufrollen und zu einer Schnecke formen. Mit dem Eigelb bestreichen und mit Schwarzkümmel bestreuen. Die Pogaca auf ein Backblech legen und im vorgeheizten Backofen 18 bis 22 Minuten goldbraun backen. Am besten lauwarm servieren.

Was dazu passt

Anisjoghurt S. 52
Spinat-Sesamsalat S. 68

Goldgelb und knusprig laden Börek dazu ein, in zwei oder drei Bissen genascht zu werden. Sie lassen sich gut vorbereiten und können heiß oder lauwarm serviert werden. Ihr könnt sie auch problemlos im Backofen nochmals erwärmen.

✦

Spinat-Tomaten-Börek

120 g halbgetrocknete und in Öl eingelegte Tomaten
1 Zwiebel, fein gewürfelt
1 Knoblauchzehe, fein gewürfelt
300 g junger Blattspinat
100 g gekochte mehlige Kartoffeln, grob zerdrückt
Muskat

20 Blätter Filoteig (Dreiecke 12 × 10 × 10 cm)
1 Eigelb
Salz, Pfeffer

Die Tomaten abgießen und dabei das Öl auffangen. Tomaten in feine Würfel schneiden.

Einen Esslöffel Tomatenöl in einen großen Topf geben und erhitzen. Gewürfelte Zwiebel und Knoblauch darin glasig anschwitzen. Blattspinat dazugeben und zusammenfallen lassen. Die grob zerdrückten Kartoffeln sowie die Tomatenstückchen zugeben, verrühren und mit Salz, Pfeffer und Muskat würzen. Die Masse etwas abkühlen lassen.

Den Backofen auf 170 °C vorheizen. Das Eigelb verquirlen. Die Filoteigblätter an den Rändern mit dem Eigelb bestreichen. Jeweils 1 EL Füllung auf die Filoteig-Dreiecke geben, und zwar in die Mitte der langen Seite. Dann die Ecken einschlagen und den Teig zur Spitze hin zusammenfalten. Börek mit dem restlichen Eigelb bestreichen. Bei 170 °C etwa 12 Minuten goldgelb backen.

✦

Was dazu passt

Tomaten-Pinienkernpesto S. 51
Kräutersalat S. 68

Ziegenkäse-Feigen-Crostini

8 Scheiben Baguette, 1 cm dick
3 getrocknete Feigen
100 g Ziegenfrischkäse
10 Blätter Minze, in feine Streifen geschnitten
1 EL Pinienkerne, geröstet
Salz, Pfeffer, Cayennepfeffer

Die Baguettescheiben im Toaster goldbraun rösten. Feigen fein hacken. Zusammen mit dem Ziegenfrischkäse in eine Schüssel geben. Mit Minze, gerösteten Pinienkernen, Salz, Pfeffer und Cayenne abschmecken. Die Käsemasse auf die etwas abgekühlten Baguettescheiben streichen.

Was dazu passt

Rote-Bete-Suppe S. 103

Artischocken-Ricotta-Crostini

1 große Artischocke
2 EL Olivenöl
1 Schalotte
30 g Mandelblättchen
1 TL Thymianblättchen
5 Blätter Basilikum
100 g Ricotta
8 Scheiben Baguette, 1 cm dick geschnitten
Salz, Pfeffer, Cayennepfeffer

Die Artischocke vom Stiel befreien und die äußeren Blätter entfernen. Das obere harte Drittel der Blattspitzen abschneiden – das geht am besten mit einem Sägemesser – und mit einem Teelöffel das ungenießbare Heu herausschaben. Die Artischocke unter fließendem Wasser abspülen, dann mit einer Reibe fein reiben; da der austretende Saft die Hände färben kann, am besten Handschuhe tragen. Die Artischockenraspel in einer beschichteten Pfanne mit dem Olivenöl scharf anbraten.

Die Schalotte schälen, halbieren und in feine Würfelchen schneiden. Schalottenwürfel und Mandeln zur Artischocke geben und weitere 3 Minuten braten.

Thymianblättchen fein hacken. Basilikum in feine Streifen schneiden. Die Kräuter in die Pfanne zur Artischocke geben.

Die Masse in eine Schüssel füllen und etwas abkühlen lassen. Ricotta hinzufügen, mit Salz, Pfeffer und Cayenne abschmecken und gut vermischen. Die Baguettescheiben goldbraun toasten, abkühlen lassen und die Artischocken-Ricotta-Creme darauf verteilen.

8
7
6

Erfrischendes für heiße Tage

1 Spinat-Sesamsalat mit Feigen (S. 68)
2 Rote-Bete-Joghurt mit Mandeln (S. 52)
3 Limettencreme (S. 58)
4 Avocado-Cacik (S. 61)
5 Kalte Gurken-Avocado-Suppe (S. 100)
6 Gavurdagi Salatasi (S. 81)
7 Ziegenkäse-Feigen-Crostini (S. 31)
8 Artischocken-Ricotta-Crostini (S. 31)

Samosa stammen ursprünglich aus Pakistan und Indien. Gebraten, gebacken oder frittiert, sind sie als Snack und Streetfood äußerst beliebt. Gerne serviere ich sie mit Anisjoghurt oder einer Limettencreme, aber auch frische Salate passen bestens dazu.

✦

Erbsensamosa

200 g Erbsen (TK)
1 Bio-Limette (Abrieb der Schale)
30 g Nussbutter
½ Bund Minze, in feine Streifen geschnitten
Salz, Pfeffer, Cayennepfeffer

20 Wan-Tan-Teigblätter
1 Eiweiß

1 Liter Öl zum Frittieren

Erbsen 10 Minuten bei Raumtemperatur antauen lassen. Mit einem Stabmixer oder in einer Küchenmaschine kurz mixen. Dabei soll kein Brei entstehen, sondern die Erbsen sollen etwas Bindung erhalten. Die restlichen Zutaten zu den Erbsen geben und abschmecken.

Die Wan-Tan-Teigblätter auslegen. Jeweils 1 TL der Erbsenmasse mittig auf den Teigblättern platzieren. Zwei Seiten der Teigblätter mit Eiweiß bestreichen und zu einem Dreieck zusammenklappen.

Das Frittieröl in einem Topf auf 180 °C erhitzen. Samosa in zwei Durchgängen jeweils 3 Minuten lang knusprig goldgelb ausbacken.

TIPP
Nussbutter, auch braune Butter genannt, könnt ihr ganz einfach selbst herstellen: Dazu Butter schmelzen, bis das Eiweiß schaumig nach oben steigt. Köcheln, bis sich der Schaum wieder auf dem Boden absetzt und die Butter goldbraun ist. Wollt ihr Nussbutter aufbewahren, gießt ihr sie in ein Glas, und zwar mit einem Sieb, das mit Küchenpapier ausgelegt ist. Im Kühlschrank hält Nussbutter bis zu sechs Wochen.

✦

Was dazu passt

Blumenkohl-Wassermelonen-Salat mit Rauchmandel S. 76
Anisjoghurt S. 52
Limettencreme S. 58

Rote Linsen, Cumin, Kokosmilch und Koriander – diese Kombination ist unschlagbar. Verpackt in dünnen Teig und kross ausgebacken, sind Linsensamosa unkompliziert herzustellen und gehören zu meinen Lieblingen.

✦

Linsensamosa

½ Zwiebel
1 Knoblauchzehe
20 g Butter
50 g rote Linsen
1 TL gemahlener Cumin
120 ml Gemüsebrühe
80 ml Kokosmilch

5 Blätter Frühlingsrollenteig
1 Eiweiß
1 EL gehacktes Koriandergrün

1 Liter Öl zum Frittieren

Zwiebel und Knoblauch schälen und in grobe Stücke schneiden. Butter in einer Pfanne zerlassen und darin Zwiebel und Knoblauch glasig anschwitzen. Linsen und Cumin dazugeben. Gemüsebrühe und Kokosmilch hinzufügen und kochen, bis die Linsen weich sind. Mit einem Stabmixer grob mixen, es dürfen ruhig noch Stücke zu sehen sein. Die Linsenmasse abkühlen lassen.

Den Frühlingsrollenteig in 6 cm breite Streifen schneiden. Die Teigstreifen mit Eiweiß bestreichen. Am unteren Rand eines jeden Streifens jeweils 1 EL der Linsenmasse platzieren. Den Teig nun von unten nach oben im Zickzack zu einem Dreieck einschlagen.

Das Frittieröl in einem Topf auf 180 °C erhitzen. Die Samosa darin goldgelb ausbacken und warm servieren.

✦

Was dazu passt

Anisjoghurt S. 52
Konfierte Tomaten S. 122

Bruschetta mit Olivientapenade und konfierten Tomaten

Konfierte Tomaten

4 Eiertomaten, enthäutet
und in 1 cm dicke Scheiben geschnitten
80 g Olivenöl
Salz, Pfeffer, Zucker
1 Knoblauchzehe, fein gehackt
Thymian, Rosmarin, Basilikum

Backofen auf 80 °C vorheizen. Tomatenscheiben auf ein Backblech legen und mit dem Olivenöl beträufeln. Mit Salz, Pfeffer und Zucker würzen. Kräuter und Knoblauch auf den Tomaten verteilen und 1 Stunde im Backofen konfieren lassen.

Oliventapenade

4 braune Champignons
1 Schalotte
¼ Knoblauchzehe
2 EL Olivenöl
4 EL entsteinte schwarze Oliven
Abrieb von ½ Bio-Zitrone

Salz, Pfeffer, Cayennepfeffer

Champignons, Schalotte und Knoblauch in kleine Würfel schneiden. In Olivenöl anschwitzen, dann abkühlen lassen. Oliven und Zitronenabrieb hinzufügen und in der Moulinette oder mit dem Stabmixer zu einer Paste mixen. Die Tapenade mit Salz, Pfeffer und Cayenne abschmecken.

Geröstetes Brot

1 Ciabatta-Brot
2 EL Olivenöl
1 Knoblauchzehe

Ciabatta in 1 cm dicke Scheiben schneiden und im Toaster rösten. Mit etwas Olivenöl beträufeln und mit einer Knoblauchzehe einreiben. Ciabatta-Scheiben mit den konfierten Tomaten belegen und die Oliventapenade darauf verteilen.

Was dazu passt

Artischockensalat mit Korinthen
und Zitronenvinaigrette S. 90

Seid ihr überrascht, in diesem Buch ein Rezept für Summer Rolls zu finden, die eigentlich aus der vietnamesischen Küche stammen? Das liegt einfach daran, dass ich diese Reispapierröllchen, die so wunderbar leicht und frisch, süß und pikant sind, gerne als Meze serviere und esse. Probiert es aus – es lohnt sich.

Mango Summer Rolls

ergibt 8 Rollen

¼ Kopf Eisbergsalat
2 Stangen Frühlingslauch
1 Bund Koriander
1 reife Mango
30 g Glasnudeln
½ milde Chilischote, fein gehackt
1 EL fein gehackter Ingwer
2 EL geröstetes Sesamöl

8 Blätter Reispapier (Ø 22 cm)

Salz, Pfeffer

Eisbergsalat, Frühlingslauch und Koriander in feine Streifen schneiden, waschen und gut trocken schleudern. Mango schälen, in Scheiben und anschließend in Streifen schneiden.

In einem Topf Wasser aufkochen, salzen und die Glasnudeln darin ziehen lassen, bis sie weich sind. Glasnudeln abgießen und mit kaltem Wasser abschrecken. Die Nudeln mit Salat, Frühlingslauch, Koriander, Mango, Chili, Ingwer und Sesamöl vermengen und mit Salz und Pfeffer abschmecken.

Eine Schüssel von mindestens 25 cm Durchmesser mit kaltem Wasser füllen. Die Reisblätter einzeln kurz darin eintauchen und auf die trockene Arbeitsfläche legen. Zunächst 4 Blätter vorbereiten und jeweils 2 EL der Füllung mittig platzieren. Die untere Hälfte des Reispapiers über die Füllung legen, dann die Seiten einschlagen und aufrollen. Sobald die ersten 4 Rollen fertig sind, mit den nächsten ebenso verfahren.

Was dazu passt

Limettencreme S. 58
Curry-Mango-Creme S. 58

Vegetarische Lahmacun

ergibt 4 Stück

Teig

600 g Weizenmehl (Type 405)
15 g Backpulver
150 g Wasser
185 g türkischer Joghurt (10 % Fett)
10 g Salz
25 g Olivenöl
50 g Mehl zum Ausrollen

Alle Zutaten außer dem Mehl zum Ausrollen mit einer Küchenmaschine 8 Minuten kneten. Den Teig mit Klarsichtfolie abdecken und 1 Stunde bei Zimmertemperatur ruhen lassen.

In der Zwischenzeit den Belag vorbereiten.

Belag

8 Fleischtomaten
3 EL Tomatenmark
1 TL Zucker
1 TL Salz
½ TL Pfeffer
½ TL Cayennepfeffer
3 EL Olivenöl

1 rote Zwiebel
200 g Feta
1 Bund Koriander
1 Bund Petersilie

Die Fleischtomaten waschen. Mit der groben Seite einer Vierkantreibe die Tomaten reiben. Die Schale, die übrig bleibt, entsorgen. Das Tomatenmark zugeben und mit Zucker, Salz, Pfeffer, Cayenne und Olivenöl abschmecken. Die Tomatensauce beiseitestellen.

Den Backofen auf 220 °C Umluft vorheizen.

Die Zwiebel schälen, halbieren und in feine Scheiben schneiden. Die Kräuter waschen, trocken schleudern und grob hacken.

Den Teig in vier gleich große Stücke teilen. Etwas Mehl auf die Arbeitsfläche stäuben und die Teigstücke 5 mm dick ausrollen.

¼ der Tomatensauce und der Zwiebel auf jeden Teigfladen geben. Jeweils 2 Lahmacun im vorgeheizten Ofen 12 Minuten goldbraun backen. Den Feta auf die knusprigen Fladen bröseln und mit den gehackten Kräutern bestreuen. Warm servieren.

Was dazu passt

Avocadosalat mit Kirschtomaten und Rucola S. 85

Ursprünglich sind Pofesen ein ärmliches Fastenessen gewesen, um altes Brot in eine köstliche Süßspeise zu verwandeln. Mir schmecken sie als Dessert genauso gut wie als süßer Kontrast zum Selleriepüree.

Aprikosenpofesen

100 g Aprikosenmarmelade
½ TL Thymianblättchen
8 Scheiben Weißbrot (z. B. Toastbrot)
100 g Butterschmalz
2 Eier
250 g Milch

Salz, Pfeffer

Aprikosenmarmelade und Thymianblättchen gut vermengen und mit schwarzem Pfeffer würzen. 4 Weißbrotscheiben dick mit der Aprikosenmarmelade bestreichen. Die andere Brotscheibe darauf geben und gut andrücken.

In einer beschichteten Pfanne das Butterschmalz erhitzen. Eier in eine Schüssel aufschlagen. Milch und eine Prise Salz zugeben und gut verrühren. Die Weißbrotscheiben hineinlegen und darin wenden. Kurz abtropfen lassen und dann im heißen Butterschmalz goldbraun und knusprig ausbacken. Auf Küchenpapier abtropfen lassen.

Was dazu passt

Selleriepüree S. 184
Geschmorter Trevisano S. 161

Joghurt, Cremes, Tapenaden und Dips

Was wäre ein Meze-Tisch ohne Dips! Gerade wenn es schnell gehen muss, sind sie wahre Überraschungskünstler: Karotten, Salatgurken, Stangensellerie und Paprika in Sticks schneiden, frisches Brot und ein paar selbst gemachte Aufstriche dazu. So unkompliziert und lecker kann ein gemeinsames Essen sein.

Auberginen-Tomatencreme

2 Auberginen
¼ TL Salz
3 EL Olivenöl
60 g getrocknete und in Öl eingelegte Tomaten
Saft von ¼ Zitrone
1 TL Ducca
1 TL Ras el-Hanout

Auberginen waschen, der Länge nach halbieren und mit einem Messer kreuzweise einritzen. Die Schnittfläche gut salzen.

Backofen auf 180 °C vorheizen. Olivenöl in einer beschichteten Pfanne erhitzen und die Auberginen auf der Schnittfläche goldbraun anbraten. Die Auberginen mit der Schnittfläche nach unten auf ein Backblech legen und 25 Minuten im vorgeheizten Ofen schmoren, bis sie weich sind. Etwas auskühlen lassen und das Fruchtfleisch mit einem Löffel aus der Schale herauslösen. Das Fruchtfleisch in einem Sieb gut abtropfen lassen. Mit den restlichen Zutaten fein mixen und abschmecken.

Was dazu passt

Gözleme mit Feta-Kräuter-Füllung S. 24
Gebratenes levantinisches Gemüse S. 125

Auberginen-Miso-Creme

2 Auberginen
¼ TL Salz
3 EL Olivenöl
1 EL dunkle Miso-Paste
Saft von ¼ Zitrone
1 TL Ducca
1 TL Ras el-Hanout

Auberginen waschen, der Länge nach halbieren und mit einem Messer kreuzweise einritzen. Die Schnittfläche gut salzen.

Backofen auf 180 °C vorheizen. Olivenöl in einer beschichteten Pfanne erhitzen und die Auberginen auf der Schnittfläche goldbraun anbraten. Die Auberginen mit der Schnittfläche nach unten auf ein Backblech legen und 25 Minuten im vorgeheizten Ofen schmoren, bis sie weich sind. Etwas auskühlen lassen und das Fruchtfleisch mit einem Löffel aus der Schale herauslösen. Das Fruchtfleisch in einem Sieb gut abtropfen lassen. Mit den restlichen Zutaten fein mixen und abschmecken.

Was dazu passt

Dreierlei vom Blumenkohl S. 148

Tomaten-Pinienkern-pesto

120 g getrocknete und in Öl eingelegte Tomaten
30 g Parmesan, gerieben
50 g Pinienkerne, geröstet
60 g Öl von den eingelegten Tomaten
30 g Olivenöl
1 EL Tomatenmark
Salz, Pfeffer

Alle Zutaten in einer Moulinette oder mit dem Stabmixer zu einem Pesto verarbeiten und abschmecken.

Was dazu passt

Spinat-Tomaten-Börek S. 28
Orangen-Dattelsalat S. 71

Pesto-Fetacreme

30 g Basilikumblätter
20 g Pinienkerne, geröstet
1 Knoblauchzehe, fein gehackt
2 EL Olivenöl
200 g Feta
Salz, Pfeffer, Cayennepfeffer

Basilikum mit gerösteten Pinienkernen, Knoblauch und Olivenöl in einer Moulinette oder mit dem Stabmixer zu einem Pesto verarbeiten. Dann den Feta in Stücke brechen, dazugeben und ebenfalls mixen. Mit Salz, Pfeffer und Cayenne würzen.

Was dazu passt

Fenchel-Orangensalat mit gegrillter Wassermelone S. 82

Hummus mit Kichererbsen

500 g Kichererbsen (aus der Dose)
1 Knoblauchzehe, zerdrückt
4 EL Olivenöl
2 EL Zitronensaft
2 EL Tahin (Sesampaste)
½ TL Cumin
Salz, Pfeffer, Cayennepfeffer

Kichererbsen abgießen und 100 g beiseitestellen. Die restlichen Kichererbsen zusammen mit 2 EL Olivenöl und den restlichen Zutaten fein pürieren und abschmecken. In einer Schale zusammen mit den beiseitegestellten Kichererbsen anrichten und mit etwas Olivenöl beträufeln. Nach Belieben könnt ihr den Hummus auch mit Ras el-Hanout und Ducca abschmecken.

(Bild S. 162)

Joghurt, Cremes und Dips sind unverzichtbarer Bestandteil eines jeden Meze-Tisches. Und zudem sind sie meist super einfach in der Herstellung, lassen sich gut vorbereiten und bringen eine ungeheure Geschmacksvielfalt auf den Tisch. Hier ein paar meiner Lieblingsdips.

Anisjoghurt

200 g türkischer Joghurt (10 % Fett)
¼ TL gemahlener Anis
1 EL Olivenöl
¼ TL Salz
1 Prise Cayennepfeffer

Alle Zutaten mit einem Schneebesen verrühren. Mit Salz und Cayenne abschmecken.

Was dazu passt

Erbsensamosa S. 34
Linsensamosa S. 37
Geschmorter Trevisano S. 161

Rote-Bete-Joghurt mit Mandeln

30 g Mandelblättchen
100 g gekochte Rote Bete
200 g türkischer Joghurt (10 % Fett)
1 EL Schnittlauch, in feine Röllchen geschnitten
½ TL Cumin, gemahlen
Salz, Pfeffer, Cayennepfeffer

Backofen auf 180 °C vorheizen. Mandelblättchen auf ein Blech geben und im Ofen 6 bis 8 Minuten goldbraun rösten. Abkühlen lassen.

Gekochte Rote Bete fein reiben. Die restlichen Zutaten dazugeben und miteinander verrühren. Mit Salz, Pfeffer und Cayenne abschmecken.

Was dazu passt

Zucchini-Karottenpuffer S. 193

Sesamcreme

100 g Crème fraîche
30 g Tahin (Sesammus)
1 Spritzer Zitronensaft
1 Knoblauchzehe, zerdrückt (nach Belieben)
Salz, Pfeffer, Cayennepfeffer

Alle Zutaten miteinander vermengen und mit Salz, Pfeffer und Cayenne abschmecken.

Was dazu passt

Linsensamosa S. 37
Geschmorte Aubergine S. 126

Oliven-tapenade

4 braune Champignons
1 Schalotte, geschält
¼ Knoblauchzehe, geschält
2 EL Olivenöl
4 EL schwarze Oliven, entsteint
Abrieb von ½ Bio-Zitrone
Salz, Pfeffer, Cayennepfeffer

Champignons, Schalotte und Knoblauch in feine Würfel schneiden. Olivenöl in einer Pfanne erhitzen und darin Pilze, Schalotte und Knoblauch anschwitzen. Abkühlen lassen und mit den restlichen Zutaten in eine Moulinette geben oder mit einem Stabmixer zu einer Paste mixen.

Was dazu passt

Gözleme mit Feta-Kräuter-Füllung S. 24
Avocadosalat mit Kirschtomaten und Rucola S. 85

Walnuss-Austernpilz-Tapenade

250 g Austernpilze
2 EL Rapsöl
50 g Walnusskerne
½ Bund Petersilie
30 g Frischkäse
Salz, Pfeffer, Cayennepfeffer

Die Austernpilze mit den Fingern in kleine Stücke zupfen. Eine beschichtete Pfanne auf höchster Stufe erhitzen, Öl hinzufügen und die Austernpilze darin kross anbraten, bis sie Farbe annehmen und so die leckeren Röststoffe entstehen. Dann die Hitze reduzieren.

Die Walnusskerne mit einem schweren Messer klein hacken und zu den Pilzen in die Pfanne geben. Noch 3 Minuten rösten. Mit Salz, Pfeffer und Cayenne abschmecken. Die Pilz-Nussmischung in eine Schüssel füllen und abkühlen lassen.

Die Petersilie waschen, trocknen und fein hacken. Petersilie und Frischkäse zur Pilz-Nussmischung geben. Alles gut vermengen und nochmals mit Salz und Pfeffer abschmecken.

Was dazu passt

Erbsensamosa S. 34
Honigmelone-Feta-Salat S. 72

Brot, Aufstrich und Salat – lecker!

1 Vegetarische Lahmacun (S. 42)
2 Simit (S. 18)
3 Marinierter Hokkaidokürbis (S. 161)
4 Gebackene Okraschoten (S. 122)
5 Konfierte Tomaten (S. 122)
6 Orientalische Bulgur-Bowl (S. 157)
7 Sesamcreme (S. 52)
8 Pide (S. 10)
9 Kichererbsen-Kokossuppe (S. 117)
10 Pesto-Fetacreme (S. 51)
11 Auberginen-Tomatencreme (S. 48)
12 Avocado-Papayasalat (S. 85)

1
2
6
3
5

Curry-Mango-Creme

2 Eigelb
1 TL Senf
1 TL Zitronensaft
1 TL Curry
200 ml Rapsöl
30 g Crème fraîche
½ Mango, geschält und fein gewürfelt
1 EL Korianderblätter, fein geschnitten
½ TL Salz

Zimmerwarme Eigelbe, Senf, Zitronensaft und Curry in einen hohen Mixbecher geben. Den Stabmixer am Boden ansetzen, das Öl zuerst tropfenweise, dann in dünnem Strahl zugießen und den Mixer auf höchster Stufe laufen lassen. Dabei den Stabmixer langsam nach oben bewegen und rühren, bis eine cremige Mayonnaise entstanden ist.

Crème fraîche, Mango und Koriander hinzugeben. Mit Salz und eventuell noch etwas Zitronensaft abschmecken.

Was dazu passt

Avocado-Papayasalat S. 85
Gebackene Okraschoten S. 122

Limettencreme

3 EL Mayonnaise
1 EL Crème fraîche
Abrieb und Saft von 1 Bio-Limette
Salz, Cayennepfeffer

Alle Zutaten miteinander verrühren und mit Salz und Cayenne abschmecken.

Was dazu passt

Mango Summer Rolls S. 41

Avocado-Cacik

1 reife Avocado
Abrieb und Saft von 1 Bio-Limette
200 g türkischer Joghurt (10 % Fett)
½ Bund Minze, in feine Streifen geschnitten
1 Knoblauchzehe, fein zerdrückt
1 Prise Cayennepfeffer

Avocado halbieren, den Kern herausnehmen und das Fruchtfleisch mit einem Löffel herauslösen. Die Avocado fein würfeln und mit den restlichen Zutaten locker vermengen.

Was dazu passt

Gefüllte Auberginen mit Feta und Gari-Ingwer S. 147

TIPP
Avocados sind nicht nur lecker, sie haben auch zwei Seiten: Zum einen sind sie gesund, da sie Nährstoffe wie Folsäure, Kalium und Vitamin E und viele gesunde Fettsäuren enthalten. Zum anderen braucht ein Avocado-Baum so viel Wasser, dass für ein Kilogramm Avocados – also für drei Avocados – rund 1000 Liter Wasser eingesetzt werden müssen. Deshalb genieße ich Avocados mit Augenmaß.

Bärlauch-Cacik

½ Salatgurke mit Schale
½ TL Salz
200 g türkischer Joghurt (10 % Fett)
1 Bund Bärlauch, in feine Streifen geschnitten
1 Prise Zucker
Salz, Pfeffer, Cayennepfeffer

Die Salatgurke entkernen, aber nicht schälen. Gurke fein reiben, mit dem Salz vermengen und 10 Minuten Wasser ziehen lassen. Anschließend gut ausdrücken und das Wasser abgießen. Gurkenraspel und restliche Zutaten vermengen und mit Salz, Pfeffer und Cayenne abschmecken.

Was dazu passt

Spinat-Tomaten-Börek S. 28
Prinzessbohnensalat mit Ratatouille-Vinaigrette S. 75

Koriander-Aioli

100 g Mayonnaise
1 EL Crème fraîche
1 Knoblauchzehe, zerdrückt
½ Bund Koriander, in feine Streifen geschnitten
Abrieb und Saft von ½ Bio-Limette
Salz, Pfeffer

Alle Zutaten mit einem Schneebesen verrühren und mit Salz und Pfeffer abschmecken.

Was dazu passt

Orientalische Bulgur-Bowl S. 157

Korinthen-joghurt

200 g türkischer Joghurt (10 % Fett)
1 EL Korinthen
¼ TL Ducca
1 EL Olivenöl
Abrieb von 1 Bio-Zitrone
1 Prise Salz

Alle Zutaten mit einem Schneebesen verrühren und abschmecken.

Was dazu passt

Gebratenes levantinisches Gemüse S. 125
Würziger Mandel-Zimtreis S. 180

Zucchini-Tomatensauce

2 EL Olivenöl
½ rote Zwiebel, fein gewürfelt
1 Knoblauchzehe, fein gehackt
400 g stückige Tomaten (aus der Dose)
½ Zucchini
1 Bund Basilikum, in feine Streifen geschnitten
Salz, Pfeffer, Zucker

Olivenöl in einem Topf erhitzen. Zwiebel und Knoblauch glasig anschwitzen. Die Tomaten zugeben und auf die Hälfte einkochen lassen. Inzwischen die Zucchini in 5 mm große Würfel schneiden. Zusammen mit dem Basilikum zu den Tomaten geben und einmal aufkochen lassen. Mit Salz, Pfeffer und Zucker abschmecken.

Was dazu passt

Ziegenkäse-Feigen-Crostini S. 31
Gegrillte Spitzpaprika
mit Cashewkernen S. 133

Paprika-Salsa

2 rote Spitzpaprika
2 EL Olivenöl
1 Schalotte, fein gewürfelt
1 Knoblauchzehe, fein gehackt
200 g stückige Tomaten (aus der Dose)
½ EL Thymianblättchen, gehackt

Paprika waschen, der Länge nach halbieren und die Kerne entfernen. Die Paprika in feine Streifen schneiden. Olivenöl in einem Topf erhitzen und Paprika anschwitzen. Schalotte und Knoblauch dazugeben und ebenfalls andünsten. Tomaten hinzufügen und einkochen lassen. Die Salsa soll etwas andicken und die Paprika sollen weich sein. Gehackten Thymian zugeben und abschmecken.

Was dazu passt

Würziger Mandel-Zimtreis S. 180
Eichblattsalat mit Zucchini
und Pimentos de Padrón S. 95

Salate

Ganz gleich in welcher Jahreszeit – köstliche Salate sind immer beliebt. Ob frisch und knackig, in der Kombination mit Früchten und Nüssen oder als Sattmacher, ein bunter Salat sollte auf keinem Meze-Tisch fehlen.

Kräutersalat

Jeweils 1 Bund Dill,
Petersilie, Kerbel, Minze
1 EL Vinaigrette

Die Kräuter waschen, trocken schleudern, von den Stielen befreien und in mundgerechte Stückchen zupfen. Mit der Vinaigrette marinieren.

Vinaigrette

6 EL Balsamico-Essig
(je nach Wunsch dunkel oder hell)
3 EL Wasser
4 TL Zucker
1½ TL Salz
13 EL Olivenöl

Alle Zutaten in ein Schraubglas geben, verschließen und gut schütteln. Das Dressing hält sich im Kühlschrank eine Woche. Wird das Dressing nur für einen Salat benötigt, nimmt man ein Drittel der angegebenen Menge.

Was dazu passt

Linsensamosa S. 37
Oliventapenade S. 55

Spinat-Sesamsalat

250 g junger Blattspinat
1 EL Sesam
3 EL Mirin-Marinade
(siehe Rezept Eichblattsalat S. 95)

Den Blattspinat waschen und trocken schleudern. Sesam in einer kleinen Pfanne ohne Fett bei mittlerer Hitze goldbraun rösten. Den Spinat mit der Marinade marinieren und mit Sesam bestreuen.

Was dazu passt

Spinat-Tomaten-Börek S. 28
Gefüllte Zwiebel S. 158

Rucolasalat
mit Parmesan, Feigen und Granatapfeldressing

125 g Rucola
4 reife Feigen
30 g Parmesan
1½ EL Granatapfelessig
(erhältlich im türkischen
Lebensmittelgeschäft)
3 EL Olivenöl
Salz, Pfeffer

Rucola waschen und trocken schleudern. Die Feigen waschen und in Würfel schneiden. Parmesan mit einem Sparschäler in Späne schneiden. Rucola und Feigen locker miteinander vermengen, mit Essig und Olivenöl marinieren und mit Salz und Pfeffer abschmecken. Die Parmesanspäne auf den Salat streuen.

Was dazu passt

Linsensamosa S. 37
Geschmorte Aubergine S. 126

Sellerie-Dattelsalat

3 Stangen Staudensellerie
4 getrocknete Datteln
Saft von ½ Zitrone
1 EL Olivenöl
Salz, Pfeffer

Den Staudensellerie in hauchdünne Scheiben schneiden. Die Datteln der Länge nach halbieren, den Kern entfernen und die Datteln in dünne Scheiben schneiden. Mit Zitronensaft, Olivenöl, Salz und Pfeffer abschmecken.

Was dazu passt

Pesto-Fetacreme S. 51

Orangen-Dattelsalat

4 Orangen
8 getrocknete Datteln
Salz, Pfeffer

Die Orangen filetieren: Zunächst von der Schale oben und unten eine kleine Kappe abschneiden. Dann die Orangen mit dem Messer so schälen, dass die weiße Haut vollständig entfernt wird. Anschließend die Filets zwischen den Trennhäuten herausschneiden. Die Datteln entkernen und in kleine Würfel schneiden. Mit den Orangenfilets vermengen und mit einer Prise Salz und etwas Pfeffer abschmecken.

Was dazu passt

Ricotta-Limetten-Teigtaschen S. 194

Wassermelonen-Feta-Salat ist ein Klassiker. Meine Variante mit Honigmelonenstreifen, mariniert mit Raki, Balsamico und Olivenöl, ist geschmacklich eine Überraschung – eure Meze-Gäste werden begeistert sein.

Honigmelonen-Feta-Salat

1 Honigmelone

Marinade

2 EL Raki
3 EL weißer Balsamico-Essig
8 EL Olivenöl
1 TL Zucker
1 TL Salz
Abrieb von ¼ Bio-Zitrone

Marinierter Feta

200 g Feta
20 g Olivenöl
1 TL Thymianblättchen, gehackt
1 TL Honig

Zum Anrichten

2 Stängel Dill
Salz, Pfeffer

An beiden Enden der Honigmelone den Strunk gerade abschneiden. Die Melone auf eine der beiden Schnittflächen legen und schälen, indem Sie die Schale rundherum in breiten Streifen abschneiden. Die geschälte Melone in zwei Hälften schneiden und mit einem Löffel die Kerne herausschaben. Mit einem Sparschäler lange Streifen von der Melone herunterschälen.

Für die Marinade alle Zutaten vermengen und diese zu den Melonenstreifen geben.

Den Feta in 1 cm große Würfel schneiden. Öl, Thymian und Honig miteinander vermischen, mit einer Prise Salz und Pfeffer abschmecken und den Feta damit marinieren.

Den marinierten Feta mit dem Melonensalat anrichten und mit etwas Dill bestreuen..

Was dazu passt

Bruschetta mit Oliventapenade und konfierten Tomaten S. 38

Prinzessbohnensalat mit Ratatouille-Vinaigrette

Bohnen

300 g Prinzessbohnen

Die Bohnen an den Enden etwas abschneiden und in reichlich Salzwasser etwa zehn Minuten blanchieren. Die Bohnen dürfen nicht zu fest sein, da rohe Bohnen giftiges Phasin enthalten.

Ratatouille-Vinaigrette

1 rote Paprikaschote
½ rote Zwiebel
½ Zucchini
1 Knoblauchzehe, fein gehackt
6 EL Olivenöl
4 EL dunkler Balsamico-Essig
5 EL Gemüsebrühe
jeweils ½ Bund Basilikum und Sarriette (Bohnenkraut), fein geschnitten
Salz, Pfeffer, Cayennepfeffer, Zucker

Paprika, Zwiebel, Zucchini in 5 mm große Würfel schneiden. Olivenöl in einer Pfanne erhitzen und die Gemüsewürfel darin anschwitzen. Knoblauch dazugeben und ebenfalls anschwitzen. Das angebratene Gemüse in eine kleine Schüssel füllen und Gemüsebrühe und Balsamico dazugeben. Mit Salz, Pfeffer, Cayenne und einer Prise Zucker würzen. Zum Schluss die frischen Kräuter unterheben und die Vinaigrette unter die Bohnen mischen.

Was dazu passt

Erbsen-Hüttenkäsepuffer S. 193

Blumenkohl-Wassermelonen-Salat mit Rauchmandel

½ Blumenkohl
Saft von 1 Zitrone
3 EL Olivenöl
200 g Wassermelone
50 g Rauchmandeln
Salz, Zucker

Den Blumenkohl in möglichst große Röschen teilen. Diese mit einem Gemüsehobel in 1 mm dicke Scheiben hobeln oder von Hand schneiden. Mit Zitronensaft, Olivenöl und einer Prise Salz und Zucker abschmecken.

Die Wassermelone in 1 cm große Würfel schneiden. Die Rauchmandeln grob hacken. Mandeln über den Blumenkohl streuen und mit den Melonenwürfeln anrichten.

Was dazu passt

Erbsensamosa S. 34

Spitzkrautsalat mit Cranberrys, Minze und Ras el-Hanout

½ Kopf Spitzkraut
1 Bund Minze
6 EL Olivenöl
2 EL weißer Balsamico-Essig
1 TL Ras el-Hanout
45 g Cranberrys
Salz, Cayennepfeffer

Das Spitzkraut waschen, abtrocknen und anschließend in feine Streifen schneiden. Die Minze ebenfalls in feine Streifen schneiden und zum Spitzkraut geben. Die restlichen Zutaten zugeben, mit Salz und Cayenne abschmecken und gut durchmischen. Mindestens 30 Minuten, besser noch 1 Stunde ziehen lassen. Vor dem Servieren nochmals abschmecken.

TIPP

Blumenkohl ist ein viel zu wenig beachtetes Superfood, das uns von Juli bis ins Frühjahr hinein mit Mineralstoffen, B-Vitaminen, reichlich Vitamin C und Vitamin K versorgt. Ob als Salat, Suppe, geröstet oder als Püree – das Blütengemüse überzeugt nicht nur durch Anpassungsfähigkeit, sondern bringt auch viele Ballaststoffe, dafür aber wenige Kalorien mit.

Meine liebsten Gemüse- und Obstsorten

Ich werde immer wieder gefragt, welches mein Lieblingsgemüse ist, welches Obst ich besonders gern esse, welche Früchte ich bevorzuge ... Es ist schwer, auf diese Fragen zu antworten, denn es gibt nicht das eine Produkt, das ich über die anderen stelle. Grundsätzlich liebe ich Vielfalt, Saisonalität, Regionalität und Frische. Es gefällt mir, wenn Gemüse bunt ist und ich nach dem Einkauf auf dem Markt die ganze Tasche voll frischer Obst- und Gemüsesorten habe. Wahrscheinlich habe ich das meiner Kindheit in der Türkei zu verdanken, denn dort haben wir den ganzen Sommer über das Gemüse im Garten geerntet – und frischer oder farbenprächtiger geht es einfach nicht: gelbe Paprika, rote Tomaten, grüner Spinat und nicht zu vergessen die wunderbare Farbe der Aubergine.

Die folgenden Gemüse- und Obstsorten gehören zu meinen Must-haves:

Aubergine

Auberginen begleiten mich das ganze Jahr über – auch wenn ich sonst darauf achte, dass nur saisonales Gemüse auf den Tisch kommt. Zu meiner Freude sind die leckeren Auberginen sehr gesund: reich an Ballaststoffen, sie machen satt und sind außerdem richtige Schlankmacher, wenn man sie nicht in Öl badet. 100 Gramm enthalten gerade mal 17 Kilokalorien und viel Wasser.

Feige

Frisch vom Baum schmecken Feigen – übrigens auch ein Powerfood – unvergleichlich saftig-süß. Erhältlich sind sie das ganze Jahr über, aber in der Hochsaison zwischen Juli und November am geschmackvollsten. Ob gelb, grün oder violett: Wichtig ist, dass die Feige weich, aber nicht matschig ist. Ich verwende Feigen für Desserts, kombiniere sie aber gerne auch mit salzigen Zutaten wie Ziegenkäse oder Salat.

Salatgurke

Gurken können mehr als Salat! Im Sommer sind sie herrlich erfrischend als kalte Suppe, geschmort sind sie ein Seelenschmeichler. Da Gurken zu 96 Prozent aus Wasser bestehen, sind sie ein echter Schlankmacher, dabei aber voller Nährstoffe, Antioxidantien und Vitamine. Diese sitzen zum Großteil in der Schale, weshalb ich ungeschälte Bio-Gurken als Snack liebe.

Linsen

Linsen sind eine der ältesten Kulturpflanzen und ein wichtiger Eiweißlieferant, besonders in der vegetarischen und veganen Küche. Mit ihren vielen Ballaststoffen sind sie ein gesunder Sattmacher. Ob rot, gelb, braun oder schwarz – ich schätze die Vielseitigkeit dieser Hülsenfrüchte und nutze sie für Eintöpfe, Suppen, Salate, Dips und Aufstriche.

Orange

Süß und säuerlich, saftig und erfrischend – ich verwende Orangen in meiner Küche, um Gerichten einen fruchtigen Pep zu geben. Besonders in der heißen Jahreszeit ist ein pikanter Fenchelsalat mit Orangen herrlich belebend. Es muss auch nicht immer eine ganze Orange sein: Verfeinere eine Vinaigrette mit etwas Orangensaft – das gibt deinem Salat eine herbsüße Note.

Spitzpaprika

Warum zählt Spitzpaprika zu meinen Lieblingen und nicht Gemüsepaprika? Ganz einfach: Ich liebe das süße, leicht pfeffrige Aroma. Dazu hat die Spitzpaprika eine dünne Schale und ist, wenn es um die Vitamine A und C geht, ein echter Leistungsträger. Gleich vierfach ist die Spitzpaprika als Meze vertreten: als Dip, Suppe, gegrillt und mit Nudeln.

Spinat

Wenn es jungen Blattspinat gibt, weiß ich, dass es Frühling ist. In dieser Jahreszeit schmeckt der rohe Spinat zart, mild und ist ideal für einen Salat – der Wurzelspinat im Winter dagegen hat feste grüne Blätter, schmeckt herb-würzig und eignet sich für Füllungen wie z. B. Börek oder für Aufläufe. Spinat kaufe ich immer großzügig ein, da er beim Kochen ziemlich schrumpft, und bewahre ihn höchstens zwei Tage im Kühlschrank auf.

Süßkartoffel

An Süßkartoffeln scheiden sich die Geister: Die einen lieben den süß-nussigen Geschmack, andere finden die Batate zu kalorienreich. Für mich ist eine Suppe mit Süßkartoffeln und Kokosmilch ein wahrer Seelenwärmer. Im Backofen werden Süßkartoffeln besonders aromatisch, verbinden sich wunderbar mit intensiven Gewürzen wie Curry und sind schnell gar.

Tomate

Ein Leben ohne Tomaten kann ich mir nicht vorstellen – ich liebe die Geschmacksvielfalt von zuckersüß über fruchtig bis zu feinsäuerlich. Diese Paradiesfrucht besteht zwar zu 94 Prozent aus Wasser, aber der Rest ist voller Vitamine und Mineralstoffe. Dem Lycopin in Tomaten wird sogar ein Schutz vor Herzerkrankungen, Arteriosklerose und Schlaganfällen zugeschrieben. Ob rote, gelbe oder violette Tomaten: Sie dürfen nicht in den Kühlschrank und nicht zusammen mit Äpfeln und Bananen gelagert werden.

Wassermelone

Ein Sommer ohne Wassermelone – undenkbar. Pur und gut gekühlt kennen wir sie als erfrischenden Snack. Aber die süße, saftige Wassermelone verbindet sich bestens mit pikanten Zutaten, z. B. in Salaten. Gegrillt ist sie eine Offenbarung, da sie eine fast fleischige Textur bekommt und wunderbar zu deftigen Gerichten passt.

Der türkische Löffelsalat, Gavurdagi Salatasi, ist super erfrischend. Ein wichtiger Geschmacksgeber ist dabei der Granatapfelessig. Solltet ihr diesen nicht bekommen, könnt ihr stattdessen einen fruchtigen Essig und frische Granatapfelkerne verwenden.

✦

Gavurdagi Salatasi

1 rote Zwiebel
½ Salatgurke
3 Eiertomaten
1 rote Spitzpaprika
30 g Walnüsse
20 Blätter frische Nana-Minze

Die rote Zwiebel schälen, in feine Würfel schneiden und in eine große Schüssel geben. Die Salatgurke waschen und in 5 mm dicke Scheiben schneiden; diese Gurkenscheiben dann in 5 mm große Würfel schneiden. Tomaten und Spitzpaprika ebenfalls in 5 mm große Würfel schneiden. Gurke, Tomaten und Paprika zu der Zwiebel in die Schüssel geben.

Die Walnüsse in eine Pfanne geben und bei mittlerer Hitze rösten. Die Minze waschen und in feine Streifen schneiden.

Marinade

1 Knoblauchzehe
Saft von 1 Zitrone
3 EL Granatapfel-Essig
3 EL Olivenöl
½ TL gemahlener Cumin
Salz, Pfeffer, Cayennepfeffer

Den Knoblauch schälen und sehr fein hacken. Zitronensaft, Essig, Öl und Cumin zugeben, gut verrühren und mit Salz, Pfeffer und Cayenne abschmecken.

Zu guter Letzt

Die Marinade über die Gemüsewürfel geben. Die gerösteten Walnüsse grob hacken und mit der Minze zum »Löffelsalat« geben. Vor dem Servieren etwa 30 Minuten durchziehen lassen.

TIPP
Alle Zutaten müssen sehr klein gewürfelt oder geschnitten werden, damit auf jedem Löffel jeder Bestandteil Platz findet.

✦

Was dazu passt

Gözleme mit Feta-Kräuter-Füllung S. 24

Fenchel-Orangensalat mit gegrillter Wassermelone

Fenchel-Orangensalat

1 Fenchelknolle
4 Orangen
500 ml Orangensaft
3 EL Olivenöl
1 EL Zucker

Salz, Cayennepfeffer

Den Fenchel mit einem Hobel fein schneiden und in eine flache Salatschüssel geben.

Die Orangen filetieren: Zunächst von der Schale oben und unten eine kleine Kappe abschneiden. Dann die Orangen mit dem Messer so schälen, dass die weiße Haut vollständig entfernt wird. Anschließend die Filets zwischen den Trennhäuten herausschneiden und dabei den Saft auffangen. Das restliche Fruchtfleisch gut ausdrücken, damit ihr etwa 500 ml Orangensaft erhaltet. Den Saft in einem kleinen Topf aufkochen und auf 300 ml reduzieren. Mit Öl und Zucker vermengen und mit Salz und Cayenne abschmecken. Den Fenchel mit der Orangenmarinade beträufeln. Die Orangenfilets auf dem Fenchel verteilen.

Gegrillte Wassermelone

200 g Wassermelone
1 EL Sonnenblumenöl

Die Wassermelone in 3 cm große Würfel schneiden. Das Öl darüber geben und gut durchmengen. Eine Grillpfanne mit Rillen sehr stark erhitzen. Dann die Würfel auf einer Seite anbraten, bis ein Grillmuster entsteht. Die Melone aus der Pfanne nehmen, etwas abkühlen lassen und mit dem Fenchelsalat servieren.

Avocadosalat mit Kirschtomaten und Rucola

2 reife Avocados
1 EL Olivenöl

125 g Kirschtomaten
2 Frühlingszwiebeln (nur den hellen Teil)
80 g Rucola

2 EL Balsamico-Essig
4 EL Olivenöl
Salz, Pfeffer, Zucker

Die Avocados halbieren, den Kern entfernen und das Fruchtfleisch mit einem Löffel vorsichtig herauslösen. Es sollte ganz bleiben. Mit Salz, Pfeffer und 1 EL Olivenöl etwas würzen.

Die Kirschtomaten waschen und vierteln. Die Frühlingszwiebeln ebenfalls waschen und schräg in feine Ringe schneiden. Den Rucola von den großen Stielen befreien, waschen und trocken schleudern.

Aus Essig, Öl, Salz, Pfeffer und einer Prise Zucker eine Vinaigrette rühren. Tomaten, Frühlingszwiebeln und Rucola locker vermischen, mit der Vinaigrette abschmecken und in die Avocadohälften füllen.

Avocado-Papayasalat mit Minze

1 reife Avocado
¼ einer großen Papaya
Abrieb und Saft von 1 Bio-Limette
2 Stängel Minze
50 g Cashewkerne
3 EL Olivenöl
Salz, Cayennepfeffer

Backofen auf 180 °C vorheizen. Die Avocado halbieren, den Kern herausnehmen und das Fruchtfleisch mit einem Löffel herauslösen. Avocado in 1 cm große Stücke schneiden. Die Papaya mit einem Sparschäler schälen, das Kerngehäuse entfernen und ebenfalls in 1 cm große Stücke schneiden. Papaya und Avocado in eine Schüssel geben.

Die Cashewkerne im vorgeheizten Ofen 6-8 Minuten rösten, dann abkühlen lassen und grob hacken.

Die Limette heiß waschen, die Schale abreiben und den Saft auspressen. Abrieb und Saft zu den Avocado- und Papayastücken geben. Mit Salz, Cayenne und Olivenöl marinieren. Die Minze abzupfen, in feine Streifen schneiden und zusammen mit den gehackten Cashews zum Salat geben.

Was dazu passt

Mango Summer Rolls S. 41

Belugalinsen sind ein echtes Superfood – übrigens ein Wort, das ich nur ungern verwende. Sie heißen so, weil ihr Aussehen stark an den Kaviar des Störs erinnert. Belugalinsen zerfallen beim Kochen nicht, schmecken leicht nussig und passen perfekt zu starken Aromen. Daher die Kombination mit Curry, Knoblauch, Zwiebel und Granatapfelessig.

Belugalinsen-Salat mit gebratenen Austernpilzen und Granatapfelkernen

Belugalinsen-Salat

4 EL Olivenöl
1 rote Zwiebel, fein gewürfelt
1 Knoblauchzehe
120 g Belugalinsen, 2 Stunden in kaltem Wasser eingeweicht
1 EL Currypulver
2 EL Karottenwürfel, etwa 5 mm groß
300 ml Gemüsefond
4 EL Granatapfelessig (erhältlich im türkischen Lebensmittelgeschäft)
Abrieb und Saft von ½ Bio-Zitrone
Salz, Pfeffer, Cayennepfeffer

1 EL Olivenöl in einem Topf erhitzen und Zwiebel und Knoblauch darin anschwitzen. Linsen abgießen, zugeben und ebenfalls andünsten. Currypulver, Karottenwürfel und Gemüsefond hinzufügen. Etwa 20 Minuten köcheln lassen, bis die Linsen weich sind, aber noch etwas Biss haben.

Die Linsen in eine Schüssel geben und noch warm mit Essig und den restlichen 3 EL Öl marinieren. Mit Salz, Pfeffer, Cayenne, Zitronenabrieb und einem Spritzer Zitronensaft abschmecken.

Austernpilze und Granatapfel

125 g Austernpilze
1 EL Sonnenblumenöl
½ Bund Petersilie, in feine Streifen geschnitten
½ Granatapfel, Kerne ausgelöst (etwa 50 g)
Salz, Pfeffer

Die Austernpilze in grobe Stücke zupfen und in einer beschichteten Pfanne mit dem Sonnenblumenöl scharf anbraten. Mit Salz und Pfeffer würzen. Petersilie und Granatapfelkerne zu den Pilzen geben und auf dem Linsensalat verteilen.

Gegrillte Kräuterseitlinge und Okraschoten mit Tomatenvinaigrette

Gegrillte Kräuterseitlinge und Okraschoten

200 g Kräuterseitlinge
2 EL Sonnenblumenöl
100 g Okraschoten
Salz

Die Kräuterseitlinge der Länge nach in 5 mm dicke Scheiben schneiden. Das Sonnenblumenöl in einer Grillpfanne erhitzen, die Pilze scharf anbraten und salzen.

Die Okraschoten der Länge nach halbieren und ebenfalls in der Grillpfanne anbraten. Von beiden Seiten salzen.

TIPP
Mit diesem Trick verhindert ihr, dass Okraschoten eine leicht schleimige Konsistenz bekommen: Spitzt die Stielansätze wie Bleistifte an und blanchiert die Schoten vor der Weiterverarbeitung in Salzwasser.

Tomatenvinaigrette

50 g getrocknete Tomaten
6 Kirschtomaten, halbiert
6 EL Olivenöl
2 EL heller Balsamico-Essig
½ TL Currypulver

Alle Zutaten mit einem Stabmixer fein pürieren.

Die gegrillten Pilze und die Okraschoten auf einer Platte anrichten und mit der Tomatenvinaigrette beträufeln.

Was dazu passt

Linsensamosa S. 37

Artischockensalat mit Korinthen und Zitronenvinaigrette

Zitronenvinaigrette

Abrieb von 2 Bio-Zitronen
Saft von 1 Bio-Zitrone
1 TL Zucker
1 TL Salz
1 TL mittelscharfer Senf
5 EL Wasser
3 EL Apfelessig
8 EL Olivenöl
½ Knoblauchzehe

Artischocken

2 große Artischocken
Saft von 1 Bio-Zitrone
20 g Korinthen
1 EL Estragon, in feine Streifen geschnitten

Für die Vinaigrette alle Zutaten mit einem Stabmixer zu einer homogenen Masse verarbeiten und in eine Schüssel füllen.

Den Zitronensaft in eine Schüssel mit Wasser geben. Den Stiel und die äußeren Blätter von den Artischocken entfernen. Die oberen zwei Drittel der Blattspitzen abschneiden, am besten mit einem Sägemesser, und die restlichen Blätter entfernen. Den Boden abschneiden und das faserige, ungenießbare Heu mit einem Esslöffel sorgfältig herausschaben. Die Artischockenböden, auch Artischockenherzen genannt, in das Zitronenwasser tunken, damit sie nicht oxidieren und braun werden.

In einem Topf Salzwasser aufkochen. Verwendet dafür aber auf keinen Fall einen Aluminiumtopf, denn sonst schmecken die Artischocken metallisch. Die Artischockenherzen im Salzwasser etwa 3 Minuten kochen, bis sie weich sind. Die lauwarmen Artischocken halbieren, in kleine Dreiecke schneiden und zur Marinade geben. Die Korinthen hinzufügen und den Salat 30 Minuten marinieren lassen.

Vor dem Anrichten den fein geschnittenen Estragon darüberstreuen.

Gemüse, Gemüse, Gemüse

1 Spitzkrautsalat mit Cranberrys und Minze (S. 76)
2 Pogaca mit Schafskäse-Petersilienfüllung (S. 27)
3 Blumenkohl-Wassermelonen-Salat mit Rauchmandel (S. 76)
4 Paprika-Salsa (S. 65)
5 Gebratener weißer Spargel (S. 133)
6 Auberginen-Tomatencreme (S. 48)
7 Gegrille Spitzpaprika (S. 133)
8 Fenchel-Orangensalat mit gegrillter Wassermelone (S. 82)
9 Korinthenjoghurt (S. 62)

9
2
3
4

Eichblattsalat mit Zucchini und Pimentos de Padrón

Eichblattsalat

1 Kopf Eichblattsalat
250 g Pimentos de Padrón
1 Zucchini
je 2 Zweige Thymian und Rosmarin
1 Knoblauchzehe
3 EL Rapsöl
2 EL Olivenöl
Salz, Pfeffer

Den Eichblattsalat am Strunk abschneiden. Anschließend die Blätter ablösen und in kleinere Stücke zupfen. Waschen, trocken schleudern und in einer Schüssel beiseitestellen.

Pimentos de Padrón und Zucchini waschen. Die Zucchini der Länge nach vierteln. Die Kerne herausschneiden und die Zucchini in 2 cm große Stücke schneiden.

Die Kräuter abzupfen und fein hacken. Den Knoblauch schälen und ebenfalls fein hacken. Beides beiseitestellen.

Das Rapsöl in einer Pfanne erhitzen. Sobald die Pfanne heiß ist, Zucchini zusammen mit den Pimentos de Padrón scharf anbraten. Kräuter und Knoblauch zum Gemüse geben. Mit Olivenöl, Salz und Pfeffer abschmecken. Aus der Pfanne nehmen und etwas abkühlen lassen. Währenddessen den Limettenjoghurt vorbereiten.

Was dazu passt

Ziegenkäse-Feigen-Crostini S. 31

Limettenjoghurt

1 Bio-Limette
200 g türkischer Joghurt (10 % Fett)
1 EL Olivenöl
Salz, Cayennepfeffer

Die Limette heiß waschen, abtrocknen und die Schale mit einer Reibe abreiben. Den Saft einer halben Limette auspressen. Saft und Abrieb der Limette mit Joghurt und Öl vermengen und mit Salz und Pfeffer abschmecken.

Mirin-Marinade

Saft von 1 Bio-Zitrone
2 EL Mirin (süßer Reiswein)
Salz nach Belieben
1 EL Weißweinessig
3 EL Olivenöl

Alle Zutaten miteinander verrühren. 2 EL Mirin-Marinade unter den Eichblattsalat mischen und diesen zusammen mit Pimentos, Zucchini und Limettenjoghurt anrichten. Die restliche Marinade könnt ihr im Kühlschrank einige Tage aufbewahren.

TIPP

Pimentos de Padrón schmecken wunderbar, wenn sie ganz schlicht in Olivenöl angebraten und mit grobem Salz bestreut werden. Ihren Namen haben die kleinen grünen Paprikaschoten von der Ortschaft Padrón in Galizien, im Norden Spaniens. Erhältlich sind die Pimentos de Padrón in türkischen Gemüseläden.

Pochierte Eier mit Romanasalat und Sauce Béarnaise

Sauce Béarnaise

100 ml Weißwein
100 ml Weißweinessig
1 Bund Estragon
250 g Butterschmalz
2 Eigelb
1 Spritzer Zitronensaft
Salz, Cayennepfeffer

Weißwein und Weißweinessig in einem kleinen Topf aufkochen und reduzieren lassen. Estragon abzupfen, in feine Streifen schneiden und beiseitestellen. Die Estragonstiele zur Wein-Essigreduktion geben und auf der ausgeschalteten Herdplatte ziehen lassen.

Butterschmalz in einem Topf schmelzen, es soll lauwarm sein. Backofen auf 60 °C vorheizen. Einen Topf mit Wasser zum Kochen bringen.

Eigelbe in eine Schlagschüssel geben und mit 40 ml der warmen Wein-Essigreduktion verrühren. Über dem heißen Wasserbad die Eigelbe mit dem Schneebesen schaumig aufschlagen. Nach 1 Minute den Topf vom Herd nehmen, damit das Ei nicht gerinnt, und weiter schlagen, bis das Eigelb cremig ist. Dann das lauwarme Butterschmalz zuerst tropfenweise, dann in dünnem Strahl unterschlagen. Die Sauce mit Zitronensaft, Salz, Cayenne und dem geschnittenen Estragon abschmecken. Die Sauce Béarnaise mit Klarsichtfolie abdecken und im vorgeheizten Ofen warm halten.

Pochierte Eier

8 sehr frische Bio-Eier
1 ½ EL Salz
8 EL Weißweinessig

Sonstiges

1 Romanasalat
2 EL Mirin-Marinade
(siehe Rezept Eichblattsalat S. 95)

2 l Wasser in einem großen Topf zum Kochen bringen. Salz und Essig hinzufügen. Vier Eier jeweils in eine Kaffeetasse aufschlagen. Mit einem Kochlöffel das köchelnde Wasser im Uhrzeigersinn rühren, damit ein Strudel entsteht. Die Eier nach und nach zügig in den Strudel gleiten lassen. Dabei wickelt sich das Eiweiß um das Eigelb. Die Eier 3-5 Minuten im simmernden Wasser pochieren. Mit einer Schaumkelle herausheben, auf einen Teller legen und im Backofen warm halten. Den Vorgang mit den restlichen 4 Eiern wiederholen.

Den Romanasalat waschen, trocken schleudern, zerpflücken und mit der Mirin-Marinade anmachen. Mit den pochierten Eiern und der Sauce Béarnaise servieren.

Suppen

Suppen sind Seelenschmeichler und noch dazu unglaublich vielseitig, lecker und überraschend einfach zu kochen. Mit einer duftenden Suppe beginnt das gesellige Essen, dazu ein Stück knuspriges Brot und das gemütliche Beisammensein ist eröffnet.

Diese Suppe eignet sich ausgezeichnet für heiße Tage, Sommerpicknicks und lange Nächte. Sie ist erfrischend, leicht und durch die feine Wasabischärfe sehr anregend. Wenn ihr die Suppe in Gläsern serviert, sieht es besonders hübsch aus.

Kalte Gurken-Avocado-Suppe mit Ingwer und Wasabi

ergibt 5-6 Schälchen

1 Salatgurke
1 Granny Smith Apfel
20 g Ingwer, geschält
1 Avocado
2 EL Crème fraîche
½ TL Wasabi
Abrieb und Saft von 1 Bio-Limette
Salz

Gurke waschen und mit der Schale in grobe Stücke schneiden. Apfel vierteln und entkernen. Gurke, Apfel und Ingwer mit einem Entsafter entsaften. Solltet ihr diesen nicht zur Hand haben, könnt ihr alles mit einem Mixer fein mixen und anschließend passieren.

Die Avocado halbieren, den Kern entfernen, das Fruchtfleisch mit einem Löffel herauslösen und zum Gurken-Apfelsaft geben. Crème fraîche und Wasabi dazugeben und alles gut mixen. Mit Limettenabrieb, Limettensaft und Salz abschmecken und gut gekühlt servieren.

Schon allein durch ihre Farbe ist diese Suppe ein Knaller auf jedem Meze-Tisch. Die erdige Bete verbindet sich wunderbar mit fruchtigem Himbeeressig und duftender Tonkabohne. Diese solltet ihr auf jeden Fall vorsichtig dosieren, da sie sehr intensiv nach Vanille, Bittermandel und Süßholz schmeckt.

✦

Rote-Bete-Suppe mit Tonkabohne und Himbeeressig

ergibt 5-6 Schälchen

1 weiße Zwiebel, grob gewürfelt
40 g Butter
500 g Rote Bete, vorgekocht
100 ml Weißwein
2 EL Himbeeressig
1 Msp. geriebene Tonkabohne
1 TL Salz
400 ml Gemüsebrühe
200 ml Rote-Bete-Saft
200 ml Sahne

Die Butter in einem Topf zerlassen und die Zwiebel darin anschwitzen. Rote Bete grob würfeln und zu der Zwiebel in den Topf geben. 4 Minuten andünsten. Mit Weißwein und Himbeeressig ablöschen und vollständig verkochen lassen. Die Tonkabohne und das Salz zufügen und mit der Gemüsebrühe und dem Rote-Bete-Saft auffüllen. Etwas 20 Minuten köcheln lassen, bis die Rote Bete weich sind.

Die Sahne zugeben und erneut aufkochen lassen. Alles mixen und passieren und vor dem Servieren nochmals abschmecken.

TIPP

Die mandelförmigen Tonkabohnen sind die Samen des südamerikanischen Tonkabaums und werden meist für Süßspeisen verwendet. Bereits eine kleine Prise Tonkabohne – am besten mit der Muskatreibe gerieben – genügt, um Gebäck und Desserts die einzigartige Geschmacksnote zu verleihen. Ersetzt werden kann die Tonkabohne durch Vanille, dann allerdings fehlt der spezielle Bittermandelton.

✦

Was dazu passt

Ziegenkäse-Feigen-Crostini S. 31

Wow, wie die Süße des Pfirsichs mit der Säure der Tomaten harmoniert. Wer es noch nicht probiert hat, wird vielleicht etwas irritiert sein. Aber ehrlich: Es passt ganz hervorragend. Dazu die Aromen des karamellisierten Fenchels, die ätherischen Öle, die in die Nase steigen, der süß-würzige Geschmack. Bei dieser Suppe passt einfach alles.

Tomaten-Pfirsichsuppe mit karamellisiertem Fenchel

ergibt 5-6 Schälchen

Tomaten-Pfirsichsuppe

2 Pfirsiche
5 EL Olivenöl
1 Zwiebel, fein gewürfelt
2 Knoblauchzehen, fein gehackt
1 TL fein geriebener Ingwer
800 ml stückige Tomaten (aus der Dose)
50 ml Sahne
Salz, Pfeffer, Cayennepfeffer, Zucker

Pfirsiche waschen, halbieren, entkernen und in 1 cm große Würfel schneiden. Olivenöl in einem hohen Topf erhitzen und Zwiebelwürfel darin anbraten. Knoblauch und Ingwer zugeben und andünsten. Pfirsichwürfel und Tomaten hinzufügen und alles bei kleiner Hitze 1 Stunde köcheln lassen. Zum Schluss die Sahne zugeben und mit Salz, Pfeffer, Cayenne und Zucker abschmecken.

Karamellisierter Fenchel und Pfirsich

1 kleine Fenchelknolle
1/2 Pfirsich
2 EL Olivenöl
¼ TL Zucker

Den Fenchel in 1 cm große Würfel schneiden, die Pfirsichhälfte in 5 mm große Würfel schneiden. Olivenöl in einer beschichteten Pfanne erhitzen und darin den Fenchel anbraten. Sobald der Fenchel etwas Farbe bekommt, Pfirsich zugeben und den Zucker darüber streuen. Alles karamellisieren lassen. Heiße Suppe auf Suppenschalen verteilen und mit karamellisierten Fenchel- sowie Pfirsichstücken bestreuen.

Gelber Paprika verleiht dieser Suppe die herrliche Farbe und eine milde Süße, Kreuzkümmel sorgt für die orientalisch-mediterrane Note. Und das Beste: Die Suppe könnt ihr im Handumdrehen zubereiten – eure Gäste werden von diesem Augenschmaus begeistert sein.

✦

Gelbes Paprikasüppchen mit Kreuzkümmel und Petersilie

ergibt 5-6 Schälchen

4 gelbe Paprika
1 weiße Zwiebel
30 g Butter
2 Knoblauchzehen, in Würfel geschnitten
1 TL Kreuzkümmel
1 TL Salz
100 g Weißwein
600 ml Gemüsebrühe
200 ml Sahne
1 EL gehackte Petersilie

Die Paprikaschoten waschen und in 2 cm große Stücke schneiden. Die Zwiebel schälen und ebenfalls in 2 cm große Stücke schneiden.

Butter in einem Topf zerlassen und darin Paprika und Zwiebel bei mittlerer Hitze anschwitzen, ohne dass das Gemüse braun wird.

Knoblauch, Kreuzkümmel und Salz dazugeben und alles 5 Minuten bei sanfter Hitze andünsten. Mit dem Weißwein ablöschen und vollständig verkochen lassen. Gemüsebrühe zugießen und köcheln lassen, bis das Gemüse weich ist. Die Sahne hinzufügen und nochmals aufkochen. Die Suppe mit einem Stabmixer fein mixen und anschließend passieren. Abschmecken und mit gehackter Petersilie servieren.

Aromen, Kräuter und Gewürze, die ich immer zu Hause habe

Manchmal lese ich Rezepte, die fast ohne Gewürze oder Geschmacksgeber auskommen. Das macht mich fassungslos. Klar kann ich auch nur mit Salz und Pfeffer kochen. Aber das ist langweilig und vielen Gerichten fehlt das gewisse Etwas, wenn keine Kräuter und Gewürze verwendet werden. Aber mit dem gezielten Einsatz der zarten würzigen Schärfe des Ras el-Hanout, der Frische des Gari-Ingwers, der säuerlichen Note der Zitrone oder des einzigartigen Geschmacks von Koriander (man liebt ihn oder hasst ihn – dazwischen gibt es nichts) wird ein Gericht zu einem Geschmackserlebnis. Probiert es aus.

Cumin (Kreuzkümmel)

Cumin kenne ich aus der Küche meiner Mutter; einer ihrer Klassiker war Linsensuppe mit Kreuzkümmel, Minze und etwas Zitronensaft. Das Gewürz mit seiner bitter-scharfen Note ist sehr dominant, weshalb ich bei der Dosierung erst einmal vorsichtig bin. Aber gerade deshalb aromatisiert es »neutrale« Gerichte wie Linsen, Kichererbsen und Joghurt sehr gut.

Curry

Es gibt unzählige Currymischungen, von mild bis scharf. Mein Favorit ist Anapurna-Curry, eine Mischung aus Bockshornklee, Kurkuma, Kreuzkümmel, Koriander, Fenchel, Chili, Knoblauch, Ingwer, Senf, Pfeffer, Kardamom, Macis und Zimt. Passt sehr gut zu Gemüsegerichten, Linsen und Currys, aber auch zu Joghurtdips.

Ducca

Diese äthiopische Würzmischung besteht aus weißen Sesamsamen, Koriander, Kreuzkümmel, Pfeffer, Thymian, getrockneter Minze und gemahlenen Kichererbsen. Der feine, nussige Geschmack passt gut zu Salaten und Gemüsegerichten, ich verwende Ducca aber auch gerne, wenn ich Fisch und Geflügel zubereite.

Ingwer

Die aromatische, scharf schmeckende Wurzel ist aus meiner Küche nicht wegzudenken. Je nach Menge verleiht Ingwer Gerichten eine Leichtigkeit und Frische oder aber eine dominante Schärfe. Deshalb kombiniere ich ihn gerne mit milden Gemüsen wie Kürbis, Süßkartoffel oder Salatgurke. Schöner Nebeneffekt: Ingwer ist verdauungsfördernd, entzündungshemmend und beugt Erkältungen vor.

Knoblauch

Die Würzkraft des Knoblauchs passt hervorragend zu Gemüse sowie zu Eintopf- und Bohnengerichten. Geröstet entwickelt das Lauchgewächs ein süßliches, nussiges und doch mildes Aroma. Um älteren Knoblauch bekömmlicher zu machen, entfernst du den innersten Trieb der Zehe. Und brate Knoblauch immer rasch, aber nicht zu heiß an, da er schnell braun und bitter wird.

Koriandergrün

Man liebt Koriander oder man hasst ihn. Ich verwende die zarten Korianderblättchen sehr gerne in meiner Küche und liebe seinen leicht süßlichen Geschmack und den zitronig-pfeffrigen Duft. Wichtig ist, die Blättchen erst kurz vor Ende der Garzeit oder vor dem Servieren dazuzugeben, da sie sonst an Aroma verlieren.

Minze

Minze ist in der türkischen Küche eine unverzichtbare Grundzutat: Sie gibt Gerichten Farbe und dank ihrer würzigen Frische das gewisse Etwas. Ich setze sie vielseitig ein für Dips, Saucen, vegetarische Gerichte und Süßspeisen.
Im Sommer macht ein Stängel Minze zusammen mit Zitronenscheiben aus einer Karaffe Wasser eine herrliche Erfrischung.

Ras el-Hanout

Übersetzt bedeutet dies »Kopf des Ladens«, also die beste Mischung, die der Ladeninhaber anbietet. Ras el-Hanout enthält bis zu 30 Zutaten, darunter Kreuzkümmel, Ingwer, Kurkuma, Muskat und Zimt, aber auch blumige Teile wie Rosen- und Lavendelblüten. Die Mischung setze ich universell ein für Gemüse, Hülsenfrüchte, Couscous und Reis.

Zitrone

Ein Spritzer Zitronensaft rundet pikante Speisen ab, macht sich aber auch in einem Dressing gut als Essigersatz. Den Abrieb von Bio-Zitronen nutze ich, um Gerichten einen frischen, leicht bitteren Geschmack zu geben; das funktioniert bei Süßem, aber auch bei Eintöpfen, Pürees und Suppen. Probiere einmal eingelegte Salzzitronen: einfach in feine Würfel schneiden – das passt bestens zu Joghurtdips und Gemüsegerichten.

Zwiebeln

Zwiebeln sind dank ihrer Antioxidantien ein Gemüse mit Heilwirkung. Die Bandbreite ist groß: erfrischend pikant die Frühlingszwiebel, süßlich die Schalotte, mild die Gemüsezwiebel, ideal für Salate die rote Zwiebel. In meiner Küche habe ich immer einen üppigen Vorrat an Zwiebeln – an einem trockenen, kühlen, dunklen Ort kann ich sie problemlos mehrere Monate aufbewahren.

Bei dieser cremigen Blumenkohlsuppe sorgen Zitrone und Weißwein für Frische, Safran für die goldene Farbe. Und für den leckeren Biss kommen obendrauf gebratene Blumenkohlröschen, deren Röstaromen einen herzhaften Akzent setzen.

Blumenkohlsuppe mit Safran

ergibt 5-6 Schälchen

1 Blumenkohl, etwa 700 g
1 weiße Zwiebel
20 g Butter
100 ml Weißwein
600 ml Gemüsebrühe
1 EL Sonnenblumenöl
150 ml Sahne
1 Msp. Safran
Saft von 1 Zitrone

Den Blumenkohl waschen und in Röschen teilen. 100 g der kleinsten Röschen beiseitestellen.

Den restlichen Blumenkohl sowie den Strunk in grobe, etwas 2 cm große Stücke schneiden. Die Zwiebel in grobe Würfel schneiden. Butter in einem Topf zerlassen und Blumenkohl und Zwiebel darin andünsten. Mit Weißwein ablöschen und diesen komplett verkochen lassen. Anschließend mit der Brühe aufgießen und 40 Minuten köcheln lassen, bis der Blumenkohl sehr weich ist.

In der Zwischenzeit das Sonnenblumenöl in einer Pfanne erhitzen. Darin die kleinen Blumenkohlröschen langsam anrösten, bis sie weich sind; das dauert etwa 20 Minuten. Der Blumenkohl soll an einigen Stellen etwas Farbe bekommen, das gibt wunderbare Röstaromen.

Die Sahne und den Safran zur Suppe geben und mit einem Mixer fein pürieren. Mit etwas Zitronensaft und Salz abschmecken.

Die Suppe heiß und mit den angerösteten Blumenkohlröschen servieren.

In diesem Süppchen verbinden sich Zutaten, die nicht aus dem mediterranen, sondern aus dem asiatischen Raum stammen: Ingwer, Zitronengras und Kokosmilch passen bestens zur Süße der Batate. Die Süßkartoffel lässt, trotz ihrer Süße, euren Blutzuckerspiegel nur langsam ansteigen.

Süßkartoffelsuppe mit Zitronengras und Ingwer

ergibt 5-6 Schälchen

1 weiße Zwiebel
700 g Süßkartoffeln
2 EL geröstetes Sesamöl
20 g Ingwer, geschält und in kleine Würfel geschnitten
1 Stängel Zitronengras, zerdrückt und klein geschnitten
1 TL Salz
700 ml Gemüsebrühe
200 ml Kokosmilch
50 g geröstete Erdnüsse

Zwiebel und Süßkartoffeln schälen und in etwa 2 cm große Stücke schneiden. Das Sesamöl in einem Topf erhitzen und die Zwiebel darin anschwitzen. Die Süßkartoffeln zugeben und 4 Minuten dünsten. Ingwerwürfel, Zitronengras und Salz dazugeben. Die Gemüsebrühe angießen und die Suppe 40 Minuten köcheln lassen.

Kokosmilch dazugeben, nochmals aufkochen lassen, dann mixen, passieren und abschmecken. Die Suppe mit gerösteten Erdnüssen bestreuen und servieren.

Topinambur wird nicht ohne Grund auch Erdartischocke genannt: Der Geschmack der süßen Knolle erinnert an Artischockenböden. Landen die Topinamburknollen nicht auf unserem Teller, werden daraus wunderschöne, den Sonnenblumen ähnliche Blüten.

Topinambursuppe mit Sherry und Schnittlauch

ergibt 5-6 Schälchen

600 g Topinambur
(gründlich gewaschen, samt Schale)
1 weiße Zwiebel
2 Knoblauchzehen
100 g Champignons
40 g Butter
100 ml Sherry
1 l Gemüsebrühe
1 TL Salz
¼ TL Pfeffer
200 ml Sahne
1 EL Schnittlauch,
in feine Röllchen geschnitten

Topinambur mit der Schale in 1 cm dicke Scheiben schneiden. Zwiebel und Knoblauch schälen und zusammen mit den Champignons in große Stücke schneiden.

Butter in einem Topf zerlassen und das Gemüse 5 Minuten darin anschwitzen. Mit Sherry ablöschen und komplett verkochen lassen. Mit der Brühe auffüllen und 40 Minuten kochen, bis das Gemüse weich ist. Salz, Pfeffer und Sahne dazugeben. Fein mixen und passieren.

Die Suppe mit Schnittlauch bestreut servieren.

Kichererbsen-Kokos-suppe mit gerösteten Kichererbsen

ergibt 5-6 Schälchen

1 Dose Kichererbsen (265 g)
1 EL Sonnenblumenöl

1 weiße Zwiebel, grob gewürfelt
3 EL Olivenöl
2 Knoblauchzehen
1 TL Kreuzkümmel
1 TL Ras el-Hanout
1 TL Salz
400 ml Gemüsebrühe
200 ml Kokosmilch
Saft von ½ Zitrone
Salz, Currypulver

Die Kichererbsen in ein Sieb gießen und mit Wasser abspülen.

Sonnenblumenöl in einer Pfanne erhitzen und 4 EL Kichererbsen bei hoher Hitze und unter ständigem Rühren anrösten. Sobald die Kichererbsen Farbe genommen haben, mit je einer Prise Salz und Currypulver bestreuen und beiseitestellen.

Die Zwiebel in einem Topf mit Olivenöl andünsten. Die restlichen abgetropften Kichererbsen, Knoblauch, Gewürze und Salz dazugeben und alles 2 Minuten anschwitzen. Mit der Gemüsebrühe auffüllen und 15 Minuten kochen lassen. Kokosmilch und Zitronensaft zugeben. Fein mixen und passieren.

Die Suppe mit den gerösteten Kichererbsen bestreuen und servieren.

Diese cremige Herbstsuppe bekommt durch den Gari-Ingwer eine fruchtig-aromatische und sehr erfrischende Schärfe. Dieser süß-sauer eingelegte Sushi-Ingwer passt ausgezeichnet zur asiatischen Note, die Curry und Kokosmilch zu dieser Suppe beisteuern.

Kürbis-Maissuppe mit Gari-Ingwer

ergibt 5-6 Schälchen

400 g Hokkaido-Kürbis (mit der Schale)
30 g Butter
100 g Mais (frisch, aus der Dose oder tiefgekühlt)
1 Zwiebel, grob gewürfelt
1 TL Currypulver
1 TL Salz
150 ml Weißwein
700 ml Gemüsebrühe
200 ml Kokosmilch
80 g Gari (süß-sauer eingelegter Ingwer, siehe S. 147), in feine Streifen geschnitten
1 EL fein geschnittener Koriander

Den Kürbis entkernen und in grobe Stücke schneiden. Butter in einem Topf zerlassen. Darin den Kürbis zusammen mit dem Mais und der Zwiebel bei mittlerer Hitze anschwitzen. Currypulver und Salz zugeben und 1 Minute mitdünsten. Mit Weißwein ablöschen und diesen komplett verkochen lassen.

Die Gemüsebrühe auffüllen und 40 Minuten kochen, bis der Kürbis weich ist. Die Kokosmilch dazugeben. Alles nochmals aufkochen lassen, fein mixen und passieren. Die Suppe auf Schälchen verteilen und mit Gari-Ingwer und Koriander bestreuen.

Gemüse: gebraten, geschmort, gefüllt

Die mediterrane Küche ist mit ihrer Vielfalt an Gemüsen ein Paradies für Menschen, die vegetarisches Essen lieben. Aus diesen einfachen, aber immer frischen Produkten holt ihr mit orientalischen Aromen, saisonalen Kräutern und exotischen Zutaten das Beste heraus für eure Meze-Gäste.

Konfierte Tomaten

4 Eiertomaten (Roma-Tomaten)
8 EL Olivenöl
1 Knoblauchzehe
je ein Zweig Thymian, Rosmarin, Basilikum
Salz, Pfeffer, Zucker

Die Tomaten enthäuten (das geht gut mit einem Bunsenbrenner) und in 1 cm dicke Scheiben schneiden. Tomatenscheiben auf ein Backblech legen und mit dem Olivenöl benetzen. Mit Salz, Pfeffer und Zucker würzen.

Backofen auf 80 °C vorheizen.

Knoblauch fein hacken. Thymian und Rosmarin abzupfen, Basilikum grob zerpflücken. Kräuter und Knoblauch über die Tomaten streuen und im vorgeheizten Backofen 1 Stunde konfieren lassen.

Was dazu passt

Gözleme mit Feta-Kräuter-Füllung S. 24
Bärlauch-Cacik S. 61

Gebackene Okraschoten

140 g Weizenmehl (Type 405)
35 g Speisestärke
1 TL Salz
1 TL Currypulver
2 TL Backpulver
½ TL Zucker
300 ml Eiswasser
500 ml Öl zum Ausbacken
20 Okraschoten
etwas Mehl zum Bestäuben der Okraschoten

Das Mehl mit Stärke, Salz, Curry, Backpulver und Zucker vermischen. Mit dem Eiswasser zu einem glatten Teig rühren.

Das Öl zum Ausbacken auf 180 °C erhitzen.

Die Okraschoten waschen, abtrocknen und mit etwas Mehl bestäuben (s. Tipp S. 89). Die Okraschoten durch den Teig ziehen und im heißen Fett etwa 3 Minuten knusprig ausbacken. Auf Küchenpapier abtropfen lassen und warm servieren.

TIPP
Auf dieselbe Art wie Okraschoten können auch Zucchini, Paprika oder Pak Choi ausgebacken werden.

Was dazu passt

Curry-Mango-Creme S. 58
Avocado-Papayasalat S. 85

Als Levante wird der östliche Mittelmeerraum bezeichnet. Typisch für die Levante-Küche ist die aromatische und leichte Art zu kochen: mit vielen Gewürzen und Kräutern und mit wohlschmeckenden orientalischen Akzenten.

Gebratenes levantinisches Gemüse

2 rote Spitzpaprika
1 Aubergine
1 Zucchini
1 rote Zwiebel
6 EL Olivenöl
¼ TL weißer Sesam
¼ TL Cumin
Salz

Gemüse waschen. Aubergine und Zucchini in 1 cm dicke Scheiben schneiden und von beiden Seiten salzen. Auf Küchenpapier abtropfen lassen. Etwas Öl in einer beschichteten Pfanne erhitzen. Auberginen- und Zucchinischeiben darin anbraten, bis sie leicht gebräunt sind. Etwas Sesam darüberstreuen und mit Cumin würzen. Auf Küchenpapier legen und warm halten.

Die Paprika der Länge nach halbieren und das Kerngehäuse entfernen. Die Zwiebel schälen, halbieren, den Strunk entfernen und in Streifen schneiden. Paprika und Zwiebel in der beschichteten Pfanne mit dem restlichen Olivenöl anbraten. Anschließend mit Sesam und Cumin würzen und auf Küchenpapier abtropfen lassen.

Was dazu passt

Parmesan-Pistazienchips S. 21
Anisjoghurt S. 52

Geschmorte Aubergine

2 Auberginen
2 Schalotten
1 Knoblauchzehe
3 EL Olivenöl
1 TL Ras el-Hanout
1 TL Cumin
200 g passierte Tomaten (aus der Dose)
Salz

Die Auberginen waschen und vom Strunk befreien. Mit einem Sparschäler die Schale entfernen. Die Auberginen achteln, salzen und 20 Minuten auf Küchenpapier abtropfen lassen.

Die Schalotten schälen, halbieren und in feine Streifen schneiden. Den Knoblauch schälen und in dünne Scheibchen schneiden.

Backofen auf 200 °C vorheizen.

Öl in einer Pfanne erhitzen. Die gesalzenen Auberginen scharf anbraten, aus der Pfanne nehmen und in eine ofenfeste Form geben. Dann die Schalotten in der Pfanne anschwitzen, den Knoblauch zugeben und ebenfalls andünsten. Mit Ras el-Hanout, Cumin und Salz würzen. Die passierten Tomaten hinzufügen und kurz aufkochen lassen. Tomatensugo über die Auberginen gießen. Die Form mit einem Deckel oder mit Alufolie verschließen und 20 Minuten im vorgeheizten Backofen schmoren lassen, bis die Auberginen weich sind.

Was dazu passt

Bärlauch-Cacik S. 61
Konfierte Tomaten S. 122

Gebratene Frühlingszwiebeln

12 Frühlingszwiebeln
30 g Butterr
Salz, Pfeffer, Zucker

Die Frühlingszwiebeln gründlich waschen und die dunkelgrünen Spitzen etwas kürzen. Butter in einer beschichteten Pfanne zerlassen und die Frühlingszwiebeln darin langsam anbraten, bis sie weich sind. Die Zwiebeln dürfen ruhig etwas Farbe annehmen, so bekommen sie schöne Röstaromen. Mit Salz, Pfeffer und Zucker abschmecken.

Was dazu passt

Pogaca mit Schafskäse-Petersilienfüllung S. 27
Gewürztomaten-Sugo,
siehe Rezept Muskatkürbis S. 172

Gebratene weiße Bohnen mit Ziegenfrischkäse, Korinthen und Petersilien-Minzöl

Gebratene weiße Bohnen

150 g weiße Bohnen
1 Bund Thymian
20 g Butter
1 Knoblauchzehe, fein gehackt
1 Schalotte, fein gewürfelt
20 g Korinthen
4 Ziegenfrischkäse à 40 g (z. B. Picandou)

Petersilien-Minzöl

1 Bund Petersilie
½ Bund Minze
6 EL Olivenöl
Salz, Pfeffer

Die weißen Bohnen über Nacht in kaltem Wasser einweichen.

Den Thymian abzupfen und die Blättchen beiseitelegen. Die Thymianstiele zusammen mit den Bohnen in einen Topf geben und in reichlich Wasser weich kochen. Das Wasser nicht salzen, sonst verlängert sich die Kochzeit. Wenn die Bohnen weich sind, diese abgießen und gut abtropfen lassen.

Butter in einer beschichteten Pfanne zerlassen und die Bohnen darin anbraten. Die Bohnen sollen an einigen Stellen etwas Farbe bekommen. Die Schalotte und den Knoblauch zugeben und kurz anschwitzen. Mit Salz und Pfeffer würzen. Die Thymianblättchen und die Korinthen zu den Bohnen in die Pfanne geben und untermischen.

Alle Zutaten für das Petersilien-Minzöl in einen hohen Mixbecher geben und mit einem Stabmixer fein mixen. Die lauwarmen Bohnen auf einem Teller anrichten. Den Ziegenkäse auf die Bohnen geben und mit Salz und Pfeffer würzen. Mit dem Petersilien-Minzöl beträufeln.

Grüner Spargel mit gebackener Mango und Koriander-Aioli

Koriander-Aioli

100 g Mayonnaise
1 EL Crème fraîche
1 Knoblauchzehe, fein zerdrückt
½ Bund Koriander, in feine Streifen geschnitten
Abrieb und Saft von ½ Bio-Limette

Gebackene Mango

1 Mango
1 Ei
50 g Mehl
100 g Panko (japanisches Paniermehl)
500 ml Sonnenblumenöl zum Frittieren

Grüner Spargel

8 Stangen grüner Spargel
1 EL Butter
Salz, Pfeffer, Zucker

In dieser Reihenfolge gelingt das Gericht perfekt: Zuerst die Koriander-Aioli vorbereiten. Anschließend die Mango panieren und das Frittieröl erwärmen. In der Zwischenzeit den Spargel schälen. Sobald der Spargel im Kochwasser ist, kann man die Mango frittieren.

Alle Zutaten für die Koriander-Aioli miteinander verrühren und abschmecken. Beiseitestellen.

Die Mango schälen und dicht am Kern entlang die beiden Seiten abschneiden. Diese nochmals halbieren, sodass vier Stücke entstehen. Die Mango zuerst in Mehl, dann im verquirlten Ei wenden und zum Schluss in den Panko-Bröseln panieren. Das Öl auf 180 °C erhitzen. Während die Spargel kochen, die panierte Mango etwa 3 Minuten goldbraun knusprig ausbacken.

Salzwasser in einem Topf zum Kochen bringen. Die Spargelenden fingerbreit abschneiden und das untere Drittel schälen. Die Stangen im Salzwasser 3 Minuten bissfest kochen. Den Spargel abtropfen lassen. Butter in einer Pfanne zerlassen, den Spargel darin schwenken und mit Salz und Zucker würzen. Spargel zusammen mit der panierten Mango auf einem Teller anrichten. Dazu die Koriander-Aioli reichen.

Gebratener weißer Spargel

1 kg weißer Stangenspargel
1 EL Sonnenblumenöl
300 g Kirschtomaten
½ Bund Basilikum
1 EL Olivenöl
Salz, Pfeffer

Den Spargel mit einem Sparschäler gut schälen. Den holzigen Teil des Spargels abschneiden. Den geschälten Spargel schräg in 3 cm große Stücke schneiden.

In einer beschichteten Pfanne das Sonnenblumenöl erhitzen. Den Spargel darin gleichmäßig von allen Seiten goldbraun anbraten.

In der Zwischenzeit die Kirschtomaten waschen und halbieren. Die Basilikumblättchen abzupfen und in feine Streifen schneiden. Ist der Spargel schön gebräunt, mit Salz und Pfeffer würzen. Kirschtomaten, Olivenöl und Basilikum zugeben.

Was dazu passt

Rucolasalat mit Parmesan, Feigen und Granatapfeldressing S. 68

Gegrillte Spitzpaprika

100 g Cashewkerne
4 rote Spitzpaprika
2 EL Sonnenblumenöl
Salz, Pfeffer

Den Backofen auf 180 °C vorheizen.

Die Paprika waschen und abtrocknen. Das Öl in einer Grillpfanne erhitzen und darin die Paprika 10-12 Minuten bei mittlerer Hitze anbraten. Mit Salz und Pfeffer würzen.

Während die Spitzpaprika braten, die Cashewkerne im Ofen 8-10 Minuten goldgelb rösten.

Die gerösteten Cashewkerne über die gegrillten Spitzpaprika geben.

Was dazu passt

Avocado-Cacik S. 61
Linsen-Kichererbsen-Ragout S. 138

Favabohnen mit Tomaten und Vadouvan

2 EL Olivenöl
1 Zwiebel, fein gewürfelt
1 Knoblauch, fein gehackt
400 g stückige Tomaten (aus der Dose)
200 g Favabohnen (dicke Bohnen, TK)
1 TL Vadouvan (indische Gewürzmischung)
1 TL Ras el-Hanout
1 Bund Petersilie, fein gehackt
Salz

Das Olivenöl in einem Topf erhitzen. Die Zwiebel und den Knoblauch darin anschwitzen. Die Tomaten dazugeben und mit Vadouvan, Ras el-Hanout und Salz würzen.

Die Bohnen hinzufügen und einmal aufkochen lassen. Vor dem Servieren die gehackte Petersilie darüberstreuen.

Was dazu passt

Geschmorte Zwiebeln auf Ratatouille-Gemüse S. 164

Zuckerschoten mit Granatapfel und Kräutern

100 g Zuckerschoten
5 g Butter
½ Granatapfel, entkernt
je 1 Stängel Kerbel, Dill, glatte Petersilie
Salz

Die Zuckerschoten waschen und wenn nötig die Fäden mit einem kleinen Messer abziehen. Die Butter in einem Topf zerlassen, die Zuckerschoten hinzufügen und bei mittlerer Hitze anschwitzen. Wenn die Zuckerschoten weich sind, aber noch etwas Biss haben, mit Salz würzen.

Die Granatapfelkerne zu den Zuckerschoten geben und alles gut vermengen.

Die Kräuter abzupfen und vor dem Servieren über die Zuckerschoten streuen.

Was dazu passt

Erbsensamosa S. 34
Auberginen-Miso-Creme S. 48

Die Kombination von cremig-weichen Linsen und knackigen gerösteten Nüssen ist unschlagbar. Mein Tipp: Auch zu einem erfrischenden Linsensalat könnt ihr geröstete Haselnüsse ganz ausgezeichnet kombinieren.

Haselnuss-Belugalinsen

3 EL Olivenöl
1 Schalotte, fein gewürfelt
2 Knoblauchzehen, fein gewürfelt
150 g Belugalinsen
½ TL Anapurna Curry (mittelscharfes Currypulver, z. B. von Altes Gewürzamt)
2 EL Balsamico-Essig
450 ml Gemüsebrühe
1 TL Speisestärke
2 EL kaltes Wasser
50 g kalte Butter
2 EL Petersilie, fein gehackt
100 g geröstete Haselnüsse
Salz

Das Olivenöl in einem Topf erhitzen. Die Schalotte und den Knoblauch darin andünsten. Linsen und Curry dazugeben und ebenfalls anschwitzen. Mit dem Essig ablöschen und diesen verkochen lassen. Mit Gemüsebrühe auffüllen. Die Linsen köcheln lassen, bis sie weich sind. Gegebenenfalls noch etwas Brühe nachgießen.

Wenn die Linsen weich sind, die Speisestärke mit dem Wasser anrühren und unter ständigem Rühren zu den Linsen geben. Die kalte Butter in kleine Würfel schneiden und zu den Linsen geben. Ab jetzt die Linsen nicht mehr kochen lassen.

Die Petersilie und die Haselnüsse dazugeben. Mit Salz abschmecken. Wichtig ist, dass erst zum Schluss gesalzen wird, da die Linsen sonst nicht weich werden und sich die Kochzeit deutlich verlängert.

Was dazu passt

Gefüllte Zwiebel S. 158

An einem kalten Tag gibt es kaum etwas Wohltuenderes als ein Gericht mit Hülsenfrüchten. Hier verbinden sich zwei Hülsenfrüchte zu einem wärmenden Eintopf und liefern ganz nebenbei jede Menge Eiweiß und Vitamine.

Linsen-Kichererbsen-Ragout

120 g rote Linsen
2 EL Olivenöl
1 Schalotte, fein gewürfelt
1 Dose gekochte Kichererbsen (265 g)
1 TL Cumin
100 ml Gemüsebrühe
1 TL Salz
1 EL fein geschnittene Petersilie
50 g geröstete Pinienkerne

Einen Topf mit Wasser zum Kochen bringen. Darin die Linsen 3 Minuten kochen lassen und abgießen.

Das Olivenöl in einem Topf erhitzen und die Schalotte darin anschwitzen. Linsen und Cumin hinzufügen. Die Kichererbsen abgießen, unter fließendem Wasser abwaschen und ebenfalls zugeben. Die Gemüsebrühe hinzufügen und alles 2 Minuten kochen lassen. Mit Salz abschmecken.

Die Petersilie und die gerösteten Pinienkerne zum Linsen-Kichererbsen-Ragout geben und servieren.

Was dazu passt

Vegetarische Lahmacun S. 42

Make it spicy

8
1
2
4
3

Geschmorte Rote Bete mit Burrata

800 g Rote Bete
30 g Butter
1 TL Purple Curry
(Curry, der durch Hibiskusblüten ein mildes, fein-säuerliches Aroma hat)
3 EL Himbeeressig
1 l Rote-Bete-Saft
1 TL Speisestärke, mit 2 TL kaltem Wasser angerührt

4 Burratas à 100 g, abgetropft
100 g Rucola, geputzt und gewaschen
8 EL Vinaigrette (s. Kräutersalat S. 68)
Salz, Pfeffer

Die Rote Bete schälen und in 5 mm große Würfel schneiden. Rote Bete mit der Butter in einem Topf anschwitzen. Mit 1 TL Salz, Pfeffer und Purple Curry würzen. Mit dem Himbeeressig ablöschen. Den Rote-Bete-Saft dazugeben und 30 Minuten kochen, bis die Rote Bete weich sind. Sollte die Flüssigkeit zu schnell verkochen, bevor die Rote Bete gar sind, einfach einen Deckel auflegen. Der Rote-Bete-Saft soll gut eingekocht sein, sodass noch ein kleiner Rest der Flüssigkeit übrig ist. Diese am Ende der Garzeit mit der angerührten Speisestärke binden.

Die Rote Bete lauwarm auf einem Teller anrichten. Die Burrata darauflegen und mit Salz und Pfeffer würzen. Den Rucola mit der Vinaigrette marinieren und locker auf dem Teller verteilen.

Was dazu passt

Rucolasalat mit Parmesan, Feigen und Granatapfeldressing S. 68

Auberginen sind wahre Alleskönner. Man kann sie braten, im Ofen backen, auf den Grill legen, schmoren – sie sind einfach immer lecker. Schon allein diese mediterranen Früchte zu sehen, die dunkelviolette Farbe, die typische Form und der leichte Glanz der glatten Schale weckt Lust auf ein Auberginengericht.

Auberginen Imam Bayildi

4 kleine Auberginen
3 rote Spitzpaprika
5 EL Olivenöl
1 rote Zwiebel, fein gewürfelt
2 Knoblauchzehen, fein gehackt
1 EL Cumin
400 g stückige Tomaten (aus der Dose)
1 Bund Basilikum, in feine Streifen geschnitten
150 g Crème fraîche
Salz, Pfeffer

Die Auberginen waschen und der Länge nach halbieren. Mit einem Messer die Schnittfläche der Auberginen kreuzförmig einschneiden und das Fruchtfleisch mit einem Teelöffel herausnehmen, dabei 1 cm Rand stehen lassen. Das Fruchtfleisch grob hacken.

Den Backofen auf 180 °C Umluft vorheizen.

Die Spitzpaprika waschen, halbieren und von den Kernen befreien. In 1 cm große Würfel schneiden. Olivenöl in einer beschichteten Pfanne erhitzen. Paprika, Auberginenfruchtfleisch und Zwiebel darin anbraten. Knoblauch und Cumin zugeben und 1 Minute anschwitzen. Die Tomaten dazugeben, mit 1 TL Salz und einer kräftigen Prise Pfeffer würzen und aufkochen lassen.

Die ausgehöhlten Auberginen mit der Schnittfläche nach oben in einen Bräter setzen und mit dem Tomaten-Paprika-Sugo füllen. Was an Füllung nicht mehr in die Auberginen passt, einfach daneben verteilen. Den Bräter zudecken und die Auberginen 50 Minuten im vorgeheizten Ofen schmoren.

Vor dem Anrichten mit dem frisch geschnittenen Basilikum bestreuen und mit Crème fraîche servieren.

Gefüllte Auberginen mit Feta und Gari-Ingwer

4 kleine Auberginen
1 TL Salz
4 EL Olivenöl
1 rote Zwiebel, fein gewürfelt
2 Knoblauchzehen, fein gehackt
1 TL Ras el-Hanout
1 TL Curry
400 g stückige Tomaten (aus der Dose)
125 g Feta
100 g Gari (süßsauer eingelegter Ingwer)

Die Auberginen waschen, der Länge nach halbieren und das Fruchtfleisch mit einem spitzen Messer kreuzweise einschneiden. Die Auberginen salzen und in einer beschichteten Pfanne mit 2 Esslöffeln Olivenöl auf der Schnittfläche goldbraun anbraten. Dann die Auberginen in einen ofenfesten Bräter setzen.

Den Backofen auf 180 °C Umluft vorheizen.

Zwiebel und Knoblauch in der beschichteten Pfanne mit den restlichen 2 Esslöffeln Olivenöl anschwitzen. Die Gewürze dazugeben und mit den Tomaten ablöschen. Aufkochen lassen und den heißen Sugo über die angebratenen Auberginen gießen. Die Auberginen im vorgeheizten Ofen ohne Deckel 30 Minuten schmoren lassen. Feta zerbröseln und zusammen mit dem Ingwer über die Auberginen streuen. Heiß servieren.

TIPP

Gari ist süß-sauer eingelegter Ingwer. Durch seine fruchtig-aromatische Schärfe schmeckt er sehr erfrischend und wird gern gegessen, um den Geschmack zwischen zwei unterschiedlichen Gerichten zu neutralisieren. Der Ingwer wird vor dem Einlegen in eine Essig-Zucker-Salzmischung nur kurz blanchiert; so bleiben alle seine für Gesundheit und Verdauung positiven Eigenschaften erhalten. Erhältlich ist Gari, der auch als Sushi-Ingwer bekannt ist, in Asia-Läden oder im gut sortierten Lebensmittelhandel.

Was dazu passt

Honigmelonen-Feta-Salat S. 72

Dreierlei vom Blumenkohl

1½ Köpfe Blumenkohl
500 ml Milch (1,5% Fett)
Muskatnuss
30 g kalte Butter
20 g Nougat
3 EL Sonnenblumenöl
100 g Mirin-Marinade (siehe Eichblattsalat S. 95)
50 g geröstete Haselnüsse
Salz

Den Blumenkohl waschen. Ein Drittel davon in gleich große Röschen teilen. Ein weiteres Drittel mit einem Hobel dünn aufschneiden und beiseitelegen. Das letzte Drittel mit der Milch, etwas Salz und einer Prise Muskat in einen Topf geben und langsam aufkochen. Sobald die Milch kocht, die Hitze reduzieren und 30 Minuten simmern lassen, bis der Blumenkohl sehr weich ist. Den Blumenkohl mit einem Sieb abgießen und mit der Butter und dem Nougat fein mixen.

Während der Blumenkohl kocht, die Blumenkohlröschen in einer beschichteten Pfanne mit dem Sonnenblumenöl langsam anbraten. Es dauert sicherlich 20 Minuten, bis der Blumenkohl weich ist, aber der Geschmack ist einzigartig.

Den gehobelten Blumenkohl mit der Mirin-Marinade marinieren.

Das Blumenkohl-Nougatpüree auf einen Teller geben und verstreichen. Den gebratenen Blumenkohl auf das Püree legen und mit den gerösteten Haselnüssen bestreuen. Zum Schluss den roh marinierten Blumenkohl daraufsetzen.

Sellerie in Variationen

Selleriecreme

½ Sellerieknolle
200 ml Milch
200 ml Sahne
100 ml Wasser
1 Prise Muskatnuss
50 g kalte Butter
Salz

Den Sellerie mit einem Messer schälen und in 2 cm große Stücke schneiden. Alle Zutaten außer der Butter in einen Topf geben und zugedeckt zum Kochen bringen. Anfangs ab und zu umrühren, damit nichts anbrennt. Dann den Sellerie weich kochen, das dauert 30 bis 40 Minuten.

Sellerie in ein Sieb gießen und dabei die Flüssigkeit auffangen. Sellerie mit der kalten Butter in einer Küchenmaschine fein mixen. Sollte die Creme zu trocken sein, etwas von der Kochflüssigkeit hinzufügen.

TIPP
Die Selleriecreme lässt sich gut einfrieren und kann kalt oder warm serviert werden.

Selleriesalat mit Datteln

4 Stangen Staudensellerie
4 getrocknete Datteln
50 g Pecorino
Saft von 1 Zitrone
4 EL Olivenöl
Salz, Zucker

Den Staudensellerie waschen und in dünne Scheibchen schneiden.

Die Datteln halbieren, den Kern entfernen und die Dattelhälften quer in Scheiben schneiden. Zum Sellerie geben.

Den Pecorino dünn über den Staudensellerie hobeln. Alles mit Zitronensaft, Olivenöl, Salz und Zucker abschmecken.

Die Selleriecreme auf einem Teller anrichten und den Selleriesalat darauf platzieren.

Durch das schonende Garen in der Salzkruste bleiben die Aromen an Ort und Stelle und das Gemüse schmeckt wunderbar intensiv. Und natürlich sieht es spektakulär aus, wenn das Salzpäckchen am Tisch geöffnet wird und die köstlichen Düfte freigibt.

✦

Gemüse in der Salzkruste

4 mittelgroße Kartoffeln
2 Stangen Lauch
4 Eiweiß
1 kg grobes Meersalz
3 EL Olivenöl
8 Zweige Thymian

Die Kartoffeln und den Lauch waschen. Die Kartoffeln werden mit der Schale gegart. Beim Lauch den grünen Teil abschneiden und anderweitig verwenden. Den weißen Teil quer halbieren.

Den Backofen auf 180 °C Umluft vorheizen.

Das Eiweiß steif schlagen. Wenn das Eiweiß schaumig ist, das Meersalz hinzufügen. Der Teig sollte sämig sein. Falls der Teig sehr trocken ist, einfach noch etwas Eiweiß dazugeben.

Auf ein Backblech 4 große Löffel Salzteig setzen. Darauf jeweils eine Kartoffel und ein Stück Lauch legen und mit dem Olivenöl benetzen. Jeweils 2 Zweige Thymian darauflegen und die Päckchen mit dem restlichen Teig verschließen.

Das Gemüse in Salzkruste im vorgeheizten Ofen 50 Minuten garen.

✦

Was dazu passt

Bärlauch-Cacik S. 61
Paprika-Salsa S. 65

Orientalische Zutaten

Manchmal vermisse ich den einzigartigen Zauber des türkischen Wochenmarkts – einfach wegen der Stimmung, der Gerüche und der Üppigkeit, in der die Produkte präsentiert werden. Aber die Verfügbarkeit guter orientalischer Zutaten ist inzwischen auch bei uns gegeben, sodass ich auf nichts verzichten muss. Auf ein paar Klassiker möchte ich gerne etwas näher eingehen.

Datteln

Datteln schmecken angenehm honigsüß und gehören einfach zu mediterranem Essen. Ich verwende diese Multitalente gerne in meiner Küche, z. B. in Kombination mit Joghurt, Salat oder in Reis- und Bulgur-Gerichten. Zwar halten sich getrocknete Datteln im Kühlschrank mehrere Monate, aber sie trocknen dabei aus und werden süßer – deshalb schnell essen.

Feta

Feta, wörtlich übersetzt »Scheibe«, ist ein Käse aus Schafs- oder auch Ziegenmilch, der durch die Reifung in Salzlake eine säuerliche Frische bekommt. Ich verwende ihn nicht nur pur in Salaten und Dips, sondern auch zum Überbacken, in Aufläufen und natürlich in Gözleme, den köstlichen gefüllten Fladenbroten aus Yufkateig.

Filoteig (Yufka)

Diese dünnen, dem Strudelteig ähnlichen Teigblätter verwende ich für salzige und süße Backwaren wie Börek, Gözleme oder Baklava. Der hauchdünne Teig besteht nur aus Mehl, Öl, Wasser und Salz – mit flüssiger Butter oder mit Öl bestrichen und dann gebacken wird daraus ein köstlich-knuspriges Vergnügen.

Granatapfel

Granatapfel hat ein wunderbar herbsüßes Aroma – und die Kerne geben im Mund ein tolles Gefühl, wenn man draufbeißt. Deshalb streue ich Granatapfelkerne gerne über Salate und Gemüse. Ein Muss in meiner Küche ist Granatapfelsirup, den ich für Gerichte verwende, die etwas Säure brauchen. Aber Vorsicht mit dem Saft: Die Flecken sind kaum aus Kleidung herauszuwaschen.

Kichererbsen

Kichererbsen sind in meiner Küche unverzichtbar. Natürlich für cremig-nussigen Hummus, aber auch für Salate und Schmorgerichte. Durch ihren milden Geschmack sind die mehligen Kichererbsen sehr anpassungsfähig und lieben kräftige Gewürze wie Knoblauch, Kreuzkümmel oder frische Kräuter. Übrigens: Kichererbsen haben nichts mit kichern zu tun, sondern leiten sich vom lateinischen »cicer«, Erbse, ab.

Korinthen und Sultaninen

Korinthen sind kleine schwarze Trauben, Sultaninen helle. Geschmacklich ist kein allzu großer Unterschied, beide sind kernlos und ein Muss in meiner Küche: Sie geben herzhaften mediterran-orientalischen Gerichten eine feine Süße. Achte darauf, dass die Korinthen und Sultaninen ungeschwefelt sind, sonst am besten unter lauwarmem Wasser abspülen.

Pistazien

Pistazien verwende ich sowohl im süßen als auch im salzigen Bereich. Sie haben ein feines Nussaroma und sind dank ihrer grünen Farbe sehr dekorativ. Wir machen Baklava daraus, streuen sie klein gehackt über Gemüse oder verwenden sie für unsere Parmesan-Pistazienchips. Pistazien sind sehr reich an Vitamin B1 und E, aber mit 598 kcal pro 100 Gramm auch sehr fetthaltig.

Rote Linsen

Rote Linsen sind ideal für die schnelle Küche – sie müssen nicht eingeweicht werden und garen in nur 15-20 Minuten. Der Grund: Es sind eigentlich braune Linsen, die geschält wurden, und deren orangefarbener Kern beim Kochen gelblich wird. Ich verwende die roten Winzlinge gerne für Suppen und Eintöpfe. Wenn ich dagegen Salate mache, bevorzuge ich die nussigen schwarzen Belugalinsen, die beim Kochen nicht zerfallen.

Sesam

Sowohl weißen wie auch schwarzen Sesam gibt es in meiner Küche. Den weißen Sesam röste ich ohne Fett goldbraun, damit er sein süßliches Nussaroma entwickelt. Tahin, also Sesampaste, ist unerlässlich für Hummus, eignet sich aber auch für Dips und Dressings. Übrigens: Sesam enthält sehr viel Selen, das dem Körper nur über Lebensmittel zugeführt werden kann.

Weiße Bohnen

Weiße Bohnen haben – wie übrigens andere Bohnen auch – einen hohen Stärkegehalt, bringen jede Menge Mineralstoffe mit und regen durch ihre Ballaststoffe die Verdauung an. Ob für Dips, Suppen, Eintöpfe, Nudeln oder Salate, für mich sind weiße Bohnen unverzichtbare Allrounder. Wer sich das Einweichen und lange Kochen sparen möchte, greift zu Bohnen aus dem Glas.

Orientalische Bulgur-Bowl

Bulgur

3 EL Olivenöl
1 rote Zwiebel, fein gewürfelt
300 g Bulgur
1 TL Curry
1 EL Ras el-Hanout
½ TL Salz
450 ml Gemüsebrühe

Das Olivenöl in einem Topf erhitzen und die Zwiebel darin anschwitzen. Den Bulgur, die Gewürze und das Salz dazugeben und weitere 2 Minuten anschwitzen. Die Gemüsebrühe zugießen und aufkochen lassen. Einen gut schließenden Deckel auf den Topf legen, die Herdplatte ausschalten und den Bulgur 20 Minuten ziehen lassen. Nach 10 Minuten den Bulgur mit einer Gabel auflockern und den Topf wieder verschließen.

Den Bulgur in eine Schale geben und etwas abkühlen lassen. Er ist die Grundlage für die Bowl.

Was dazu passt

Anisjoghurt S. 52

Gemüse

1 Salatgurke
½ rote Paprika

2 EL Mirin (süßer japanischer Reiswein)
1 EL Weißweinessig
3 EL Olivenöl
2 Passionsfrüchte (Maracuja), halbiert und ausgekratzt

Die Gurke schälen. Mit einem Sparschäler der Länge nach Streifen abziehen, bis das Kerngehäuse zu sehen ist. Die Paprika in Würfel schneiden. Mirin, Essig, Olivenöl und das Fruchtfleisch der Passionsfrüchte zu einer Marinade verrühren. Die Marinade über die Gurken- und Paprikastreifen geben und auf dem Bulgur anrichten.

TIPP

Bei der Gemüseauswahl sind keine Grenzen gesetzt, wie ihr auf dem Foto seht. Ob Kichererbsen, Kürbis, Rote Bete, Zuckerschoten, Fenchel, Pak Choi, Chinakohl oder Mais – nehmt das Gemüse, auf welches ihr Lust habt.

Gefüllte Zwiebel

500 g mehligkochende Kartoffeln
4 große rote Zwiebeln
1 Knoblauchzehe
50 g Butter
1 EL fein geschnittene Minze
Salz, Pfeffer, Muskat

Schmorsud

30 g Butter
2 Zweige Thymian
150 ml Gemüsebrühe

Die Kartoffeln schälen, in grobe Stücke schneiden und in Salzwasser weich kochen.

Die roten Zwiebeln schälen und vom Strunk her halbieren. Die halbierten Zwiebeln mit einem kleinen Löffel oder einem Kugelausstecher aushöhlen. Die äußersten beiden Schichten sollen dabei stehen bleiben.

Die Hälfte des ausgelösten Zwiebelinneren in feine Würfel schneiden. Den Knoblauch schälen und fein hacken. Die Butter in einem kleinen Topf erhitzen. Zwiebeln und Knoblauch zugeben und 3 Minuten andünsten. Mit Salz, Pfeffer und Muskat würzen.

Den Backofen auf 180 °C Umluft vorheizen.

Die weichen Kartoffeln abgießen und noch heiß durch eine Kartoffelpresse drücken. Zusammen mit der Minze zu den gedünsteten Zwiebeln geben und abschmecken. Die Masse in die ausgehöhlten Zwiebeln füllen und diese dann in einen flachen hitzebeständigen Topf setzen. Butter, Thymian und Gemüsebrühe dazugeben, mit einem Deckel verschließen und im vorgeheizten Ofen etwa 30 Minuten schmoren.

Was dazu passt

Korinthenjoghurt S. 62
Spinat-Sesamsalat S. 68

Marinierter Hokkaidokürbis

¼ Hokkaidokürbis
1 Nelke
½ TL Koriandersamen
150 ml Wasser
125 ml Essig
100 g Zucker
20 g Salz

Den Hokkaido von den Kernen befreien. Mit einer Schneidemaschine in dünne Scheiben schneiden.

Alle restlichen Zutaten in einem Topf aufkochen. Den Kürbis zugeben, einmal aufkochen, dann den Topf vom Herd ziehen und abkühlen lassen. Mindestens 1 Stunde im Sud marinieren.

Den Kürbis kann man sehr gut 1 oder 2 Tage im Voraus zubereiten und bis zu einer Woche im Kühlschrank aufbewahren.

Der Hokkaidokürbis passt sehr gut zu einem Risotto und freut sich über einen knackigen Blattsalat.

Geschmorter Trevisano

2 Stück Trevisano (längliche Radicchio-Sorte)
1 EL brauner Zucker
300 ml Rotwein
30 g Butter

Die äußersten Blätter vom Trevisano entfernen. Den Trevisano der Länge nach halbieren und 20 Minuten in lauwarmes Wasser legen. So geht ein Teil der Bitterstoffe verloren. Wer es gerne bitter mag, verzichtet auf diesen Schritt.

Den Zucker in einem flachen Topf bei mittlerer Hitze karamellisieren lassen. Mit Rotwein vorsichtig ablöschen – Achtung, dabei kann es zischen und spritzen. Den Trevisano mit der Schnittfläche nach unten in den gelösten Karamell legen, mit einem Deckel zudecken und 2 Minuten schmoren.

Den Trevisano aus dem Topf nehmen. Den Sud sirupartig einkochen lassen. Die kalte Butter mit einem Schneebesen kräftig unterrühren – ab jetzt soll die Sauce nicht mehr kochen. Den Trevisano wieder in den Topf geben und mit der Sauce überziehen.

Was dazu passt

Anisjoghurt S. 52

Picknick im Grünen

1 Simit (S. 18)
2 Spinat-Tomaten-Börek (S. 28)
3 Lemon-Tartelettes (S. 207)
4 Honigmelonen-Feta-Salat (S. 72)
5 Hummus mit Kichererbsen (S. 51)
6 Pesto-Fetacreme (S. 51)
7 Auberginen-Miso-Creme (S. 48)
8 Sesamcreme (S. 52)
9 Linsensamosa (S. 37)

1
9
2
3

Geschmorte Zwiebeln auf Ratatouille-Gemüse

Geschmorte Zwiebeln

2 weiße Zwiebeln
30 g Butter
200 g Gemüsebrühe
je 2 Zweige Thymian und Rosmarin
2 Streifen Bio-Orangenschale, mit einem Sparschäler geschält
Salz, Pfeffer

Den Backofen auf 180° C vorheizen.

Die Zwiebeln schälen und halbieren. Die Butter in einem Topf zerlassen und die Zwiebelhälften darin auf der Schnittfläche anbraten. Mit Salz und Pfeffer würzen. Die Gemüsebrühe angießen. Kräuter und Orangenschale dazugeben. Einen Deckel auf den Topf setzen und die Zwiebeln im Ofen zugedeckt 30 Minuten schmoren, bis sie weich sind.

In der Zwischenzeit das Ratatouille-Gemüse vorbereiten.

Ratatouille-Gemüse

1 Zucchini
1 rote Paprika
1 Aubergine
6 EL Olivenöl
2 Knoblauchzehen, fein gehackt
400 g stückige Tomaten (aus der Dose)
je 1 TL gehackter Thymian und Rosmarin
Salz, Pfeffer

Zucchini, Paprika und Aubergine waschen. In 1 cm große Würfel schneiden. Das Olivenöl in einer großen Pfanne erhitzen und darin das Gemüse anbraten. Sollte die Pfanne nicht groß genug sein, das Gemüse in mehreren Etappen braten und beim letzten Durchgang den Knoblauch dazugeben. Die Tomaten hinzufügen und mit Salz, Pfeffer und den Kräutern würzen.

Das Ratatouille-Gemüse auf dem Teller anrichten und die geschmorten Zwiebeln darauf platzieren.

Was dazu passt

Sesamcreme S. 52

Gebratene Pfifferlinge auf Kartoffelpüree

Kartoffelpüree

800 g mehligkochende Kartoffeln
1 EL Salz (fürs Kochwasser)
100 ml Sahne
100 ml Milch
jeweils 2 Zweige Thymian und Rosmarin
50 g Petersilie
50 g Butter
Salz, Pfeffer

Die Kartoffeln waschen, schälen und im Salzwasser weich kochen. Sahne und Milch zusammen mit Thymian und Rosmarin aufkochen und 30 Minuten ziehen lassen.

Die gekochten Kartoffeln durch eine Kartoffelpresse in eine Schüssel pressen. Die Sahne-Milchmischung dazugeben und zu einem Püree vermengen.

Die Petersilie waschen und fein hacken. Die Butter zerlassen, bis diese braun wird und sich Röststoffe bilden. Petersilie und gebräunte Butter zum Püree geben und mit Salz und Pfeffer abschmecken.

Gebratene Pfifferlinge

400 g Pfifferlinge
2 EL Sonnenblumenöl
½ Schalotte, fein gewürfelt
1 EL Butter
Salz, Pfeffer

Die Pfifferlinge putzen. Das Sonnenblumenöl in einer beschichteten Pfanne erhitzen. Darin die Pfifferlinge scharf anbraten. Die Schalotte zugeben und kurz andünsten. Die Butter hinzufügen und die gebratenen Pilze mit Salz und Pfeffer würzen.

Fertigstellen

50 g Parmesan

Das Kartoffelpüree auf einem Teller verteilen. Die Pilze locker darauflegen und den Parmesan mit einer feinen Reibe darüber reiben.

Kartoffelnockerln mit Basilikumpesto, Kirschtomaten und Pecorino

Kartoffelnockerln

1 kg mehligkochende Kartoffeln
250 g Mehl
50 g braune Butter
1 Eigelb
Muskatnuss
Salz

Den Backofen auf 190 °C vorheizen.

Die Kartoffeln waschen, mit der Schale auf ein Backblech legen und 60 Minuten im Ofen garen. Die Kartoffeln halbieren, das Innere mit einem Löffel aus der Schale kratzen und durch eine Kartoffelpresse drücken. Auskühlen lassen.

600 g Kartoffelmasse abwiegen und mit den restlichen Zutaten zu einem Teig verkneten.

In einem Topf Wasser aufkochen und kräftig salzen.

Den Teig in 6 Teile teilen und zu Rollen mit einem Durchmesser von 2 cm formen. Falls der Teig zu klebrig ist, noch etwas Mehl zugeben. Mit einem Teigschaber oder einem Messer die Rollen in 2 cm große Stücke schneiden. Diese im Salzwasser 3 Minuten sieden lassen, bis die Nockerln an die Oberfläche steigen. Mit einem Schöpflöffel herausnehmen.

Basilikumpesto

½ Bund Basilikum
100 ml Olivenöl
20 g geriebener Parmesan
20 g geröstete Pinienkerne
½ geschälte Knoblauchzehe

Alle Zutaten mit einem Stabmixer zu einem Pesto mixen. Nicht zu lange mixen, da sonst das Pesto warm und das Basilikum grau wird.

Sonstige Zutaten

125 g Kirschtomaten, gewaschen und halbiert
60 g Pecorino, fein gerieben

Die gekochten Kartoffelnockerln in einer Pfanne mit dem Pesto schwenken. Die Kirschtomaten zugeben, abschmecken und mit Pecorino bestreut servieren.

Kartoffelnudeln mit Paprikacreme, Honigtomaten und Rucola

Kartoffelnudeln

1 kg mehligkochende Kartoffeln
250 g Mehl
50 g braune Butter
1 Eigelb
Muskatnuss
Salz

Den Backofen auf 190 °C vorheizen.

Die Kartoffeln waschen, mit der Schale auf ein Backblech legen und 60 Minuten im Ofen garen. Die Kartoffeln halbieren, das Innere mit einem Löffel aus der Schale kratzen und durch eine Kartoffelpresse drücken. Auskühlen lassen.

600 g Kartoffelmasse abwiegen und mit den restlichen Zutaten zu einem Teig verkneten.

In einem Topf Wasser aufkochen und kräftig salzen.

Den Teig in 6 Teile teilen und zu Rollen mit einem Durchmesser von 2 cm formen. Falls der Teig zu klebrig ist, noch etwas Mehl zugeben. Mit einem Teigschaber oder einem Messer die Rollen in 2 cm große Stücke schneiden. Jeweils ein Stück auf eine Handfläche legen und mit der anderen Hand länglich ausrollen wie Schupfnudeln.

Paprikacreme

3 rote Paprika
1 Zwiebel
1 Knoblauchzehe
2 EL Olivenöl
100 ml Weißwein
300 ml Gemüsebrühe
100 ml Sahne
Salz, Pfeffer, Cayennepfeffer

Die Paprika waschen, die Kerne entfernen und in grobe Stücke schneiden. Die Zwiebel und den Knoblauch schälen und in grobe Stücke schneiden. Olivenöl in einer Pfanne erhitzen und das Gemüse darin anschwitzen. Mit dem Weißwein ablöschen und den Wein verkochen lassen. Die Brühe zugeben und etwa 20 Minuten kochen, bis der Paprika richtig weich ist. Die Sahne hinzufügen und nochmals aufkochen.

Mit einem Stabmixer zu einer Creme mixen, passieren und mit Salz, Pfeffer und Cayenne abschmecken.

Anrichten

200 g Honigtomaten, halbiert
100 g Rucola, gewaschen

Die Kartoffelnudeln 3 Minuten im Salzwasser kochen. Die Paprikasauce in einer Pfanne erhitzen. Die Kartoffelnudeln abgießen und zusammen mit den Tomaten zur Sauce geben. Den Rucola darübergeben.

Muskatkürbis mit Gewürztomaten-Sugo und Sauerrahm

1 Muskatkürbis, 1,2 kg schwer
2 EL Olivenöl
1 Schalotte
2 Knoblauchzehen
30 g Ingwer
¼ TL Zimt
1 TL Curry
1 TL Ras el-Hanout
1 g Safranpulver
1 TL Salz
1 EL Honig
800 g stückige Tomaten (aus der Dose)
100 g Sauerrahm

Den Muskatkürbis mit einem Messer von der Schale befreien. Den Kürbis halbieren und mit einem Löffel die Kerne entfernen.

Den Backofen auf 180 °C vorheizen.

Den Kürbis in 3 cm große Stücke schneiden. Das Olivenöl in einem Topf erhitzen und den Kürbis ringsherum anbraten, bis er etwas Farbe bekommt. Schalotte schälen, der Länge nach halbieren und in dünne Scheiben schneiden. Knoblauch und Ingwer ebenfalls schälen und mit einer Reibe fein reiben. Schalotte, Knoblauch und Ingwer zum Kürbis geben. Gewürze, Salz sowie den Honig hinzufügen und mit den Tomaten auffüllen. Den Deckel auf den Topf legen und 20 Minuten im vorgeheizten Ofen schmoren.

Den geschmorten Kürbis mit dem Gewürztomaten-Sugo auf Tellern anrichten und mit einem Klecks Sauerrahm garnieren.

TIPP

Ein Muskatkürbis sieht aus wie ein typischer Halloweenkürbis. Aber er kann so viel mehr, als dekorativ den Herbst einläuten. Diese Kürbissorte hat einen sehr fruchtigen Geschmack mit einer leichten Säure und einer feinen Muskatnote, die dem Kürbis den Namen gegeben hat. Muskatkürbis muss geschält werden, denn seine Schale ist zu dick, um zu verkochen.

Was dazu passt

Ricotta-Limetten-Teigtaschen S. 194

Wurzelgemüse süß-sauer

½ rote Zwiebel
1 Knoblauchzehe
1 EL brauner Zucker
1 TL Tomatenmark
100 ml weißer Balsamico-Essig
500 ml Gemüsebrühe
(davon 50 ml beiseitestellen)
2 Karotten
4 Stangen Staudensellerie
2 Pastinaken
1 TL Speisestärke
50 g kalte Butter
frische gehackte Kräuter,
z. B. Petersilie oder Estragon (nach Belieben)
Salz, Zucker

Die Zwiebel und den Knoblauch schälen. Die Zwiebel in dünne Streifen schneiden und den Knoblauch fein hacken.

Den braunen Zucker in einem Topf bei mittlerer Hitze karamellisieren lassen. Tomatenmark, Zwiebel und Knoblauch zugeben und 3 Minuten anschwitzen. Mit Essig ablöschen und mit 450 ml Gemüsebrühe auffüllen. Den Gemüsesud mit Salz und etwas Zucker abschmecken.

Karotten und Pastinaken schälen und in streichholzgroße Stifte (5 × 30 mm) schneiden. Die Gemüsestifte 2 Minuten im Gemüsesud kochen. Den Staudensellerie mit einem Sparschäler von den Fäden befreien, der Länge nach halbieren und in streichholzgroße Stifte schneiden. Den Staudensellerie zum Gemüsesud geben und weitere zwei Minuten kochen.

Die Speisestärke mit den restlichen 50 ml (kalte) Gemüsebrühe verrühren. Die angerührte Speisestärke unter Rühren zum Sud geben und so das Gemüse etwas binden. Die Butter in Würfel schneiden und unter das Gemüse rühren. Nach Belieben mit frischen Kräutern abschmecken und lauwarm servieren.

Was dazu passt

Gebackene Süßkartoffel S. 183

Wilder Brokkoli mit Wasabi-Kartoffelpüree und Limette

Wilder Brokkoli

800 g wilder Brokkoli
(Cime di rape, im Herbst auf Märkten und im Feinkosthandel zu finden)
2 EL Sonnenblumenöl
100 ml salzreduzierte Sojasauce
Abrieb und Saft von 1 Bio-Limette
1 EL kalte Butter

Den Brokkoli waschen und den unteren holzigen Strunk entfernen. In einer beschichteten Pfanne das Sonnenblumenöl erhitzen und darin den Brokkoli langsam anbraten, bis er etwas Farbe bekommt. Mit Sojasauce ablöschen. Die Limettenschale abreiben, den Saft auspressen und beides zum Brokkoli geben. Den Sud mit der kalten Butter binden.

Wasabi-Kartoffelpüree

300 g mehligkochende Kartoffeln
100 ml Kokosmilch
30 g kalte Butter
1 EL Wasabi-Paste
Salz

Die Kartoffeln schälen und in Salzwasser weich kochen. Heiß durch eine Kartoffelpresse drücken. Die Kokosmilch aufkochen und die Wasabi-Paste darin auflösen. Die Kokosmilch unter die Kartoffeln rühren. Die kalte Butter in Würfeln zugeben und bei Bedarf mit Salz abschmecken.

Zu guter Letzt

Das Kartoffelpüree auf einem Teller anrichten, Brokkoli mit dem Sud daraufgeben und heiß servieren.

Was dazu passt

Gebackene Okraschoten S. 122

Beilagen zum Sattessen

Beilagen sind wahre Alleskönner: Sie sind meist unkompliziert, lassen sich durch Gewürze und Kräuter gut variieren und sorgen für ein wohliges Sättigungsgefühl. Eine Beilage oder auch zwei bereichern jeden Meze-Tisch. Ob Püree, Reisgericht oder Nudeln – unsere Gerichte zum Sattessen sind so lecker, dass ihr diese sicher auch einmal als Hauptgericht servieren werdet.

Gewürz-Bulgur mit Gemüse

5 EL Olivenöl
1 Schalotte, fein gewürfelt
1 Zucchini, entkernt und in 5 mm große Würfel geschnitten
1 rote Paprika, in 5 mm große Würfel geschnitten
200 g Bulgur
1 EL Ras el-Hanout
1 TL Salz
300 ml Gemüsefond

Olivenöl in einem Topf erhitzen. Schalotte darin andünsten. Zucchini- und Paprikawürfel sowie den Bulgur zugeben. Alles für 2 Minuten mitschwitzen lassen. Mit Ras el-Hanout und Salz würzen. Gemüsefond dazugießen und einmal aufkochen lassen. Einen Deckel auflegen, den Topf vom Herd ziehen und den Bulgur 20 Minuten ziehen lassen. Anschließend den Bulgur mit einer Gabel etwas auflockern und weitere 5 Minuten zugedeckt ziehen lassen.

TIPP

Bulgur, im Deutschen schlicht Weizengrütze genannt, wird meist aus Hartweizen hergestellt. Da Bulgur bereits bei der Herstellung gedämpft und anschließend getrocknet wird, braucht er keine langen Kochzeiten. Es können sämtliche Nüsse, z. B. geröstete Pinienkerne oder Mandeln, zugegeben werden. Getrocknete Früchte wie Aprikosen oder Maulbeeren passen ebenfalls sehr gut dazu. Und auch Kräuter (z. B. Petersilie oder Minze) und Gewürze (z. B. Curry) bringen neue Aromen in den Gewürz-Bulgur.

Würziger Mandel-Zimtreis

300 g Basmatireis
1 Zimtstange
50 g getrocknete Maulbeeren
50 g Mandelblättchen, geröstet
50 g getrocknete Tomaten, fein gehackt

Den Basmatireis unter fließend kaltem Wasser abspülen und nach Packungsangabe zubereiten. Gleich zu Beginn der Kochzeit die Zimtstange zugeben. Ist der Reis gar, die Zimtstange entfernen und die restlichen Zutaten vorsichtig untermengen.

Was dazu passt

Gavurdagi Salatasi S. 81

Gebackene Süßkartoffel

1 kg Süßkartoffeln
3 EL Olivenöl
1 TL Curry
1 TL Salz

Den Backofen auf 180 °C Umluft vorheizen.

Die Süßkartoffeln schälen, der Länge nach halbieren und in 2 cm dicke Spalten schneiden. In eine Schüssel geben, Olivenöl, Salz und Curry hinzufügen und gut durchmischen. Die marinierten Süßkartoffeln auf ein Backblech geben und im Backofen 30 Minuten backen, bis sie goldbraun sind.

Was dazu passt

Mango Summer Rolls S. 41
Avocado-Papayasalat S. 85

Gebratener grüner Spargel

1 Bund grüner Spargel
30 g Butter
½ TL geriebener Ingwer
1 Knoblauchzehe, fein gehackt
¼ TL Salz
1 Msp. gemahlener Szechuan-Pfeffer

Den Spargel waschen und unten etwa 2 cm kürzen. Das untere Drittel des Spargels mit einem Sparschäler schälen. Jede Stange schräg halbieren. Butter in einer Pfanne zerlassen und den Spargel bei mittlerer Hitze ringsherum anbraten. Ingwer, Knoblauch, Salz und Szechuan-Pfeffer zugeben und 1 Minute weiterbraten.

Topinamburpüree

600 g Topinambur
1 Schalotte
1 EL Olivenöl
100 ml Sherry
200 ml Gemüsebrühe
200 ml Sahne
50 g kalte Butter
Salz, Muskatnuss

Die Topinambur schälen und in grobe Stücke schneiden. Die Schalotte schälen, würfeln und mit dem Olivenöl in einem Topf anschwitzen. Topinambur zugeben, mit Salz würzen und 3 Minuten mitdünsten. Mit Sherry ablöschen und verkochen lassen.

Gemüsebrühe und Sahne zugeben. Zugedeckt 1 Stunde weich kochen. Gelegentlich umrühren, damit nichts anbrennt.

Topinambur abgießen und dabei den Kochfond auffangen. Die kalte Butter zu den gekochten Topinamburen geben und fein mixen. Sollte das Püree zu trocken sein, ein wenig Kochfond zugeben. Mit Salz und Muskatnuss abschmecken.

Was dazu passt

Aprikosenpofesen S. 45
Geschmorter Trevisano S. 161

Selleriepüree

½ Sellerieknolle
500 ml Milch
1 TL Salz
80 g kalte Butter
Salz, Muskatnuss

Den Sellerie schälen und in 2 cm große Stücke schneiden. Sellerie und Milch in einen hohen Topf geben. Salz hinzufügen, zudecken und 40 Minuten kochen, bis der Sellerie richtig weich ist. Ab und zu umrühren, damit nichts anbrennt.

Sellerie abgießen und mit der kalten Butter fein mixen. Das Püree mit Salz und Muskatnuss abschmecken.

Was dazu passt

Aprikosenpofesen S. 45
Sellerie in Variationen S. 151

Karottenstampf mit Ducca und Minze

1 kg Karotten
1 Schalotte, geschält
1 Knoblauchzehe, geschält
3 EL Olivenöl
1 TL Salz
2 TL Ducca
(orientalische Nuss-Gewürzmischung)
300 ml Gemüsebrühe
6 Blätter Minze, in feine Streifen geschnitten

Die Karotten schälen und grob würfeln. Die Schalotte und den Knoblauch klein schneiden. Das Olivenöl in einem Topf erhitzen und das Gemüse darin anschwitzen. Die Karotten sollen leicht karamellisieren. Mit Salz und Ducca würzen.

Die Gemüsebrühe zu den Karotten geben, den Topf zudecken und kochen, bis die Karotten weich sind. Dann den Deckel abnehmen und die Gemüsebrühe fast komplett einkochen lassen. Die Karotten mit einem Kartoffelstampfer zerdrücken. Die Minze untermischen. Wer möchte, kann vor dem Servieren noch einen 1 EL Olivenöl darüberträufeln.

Was dazu passt

Geschmorte Aubergine S. 126
Prinzessbohnensalat
mit Ratatouille-Vinaigrette S. 75

Ziegenkäse-Kartoffelpüree mit Avocado

750 g mehligkochende Kartoffeln
130 ml Milch
50 g Butter
70 g Ziegenfrischkäse
1 reife Avocado
Salz, Muskatnuss

Die Kartoffeln waschen, schälen, in Stücke schneiden und in gesalzenem Wasser weich kochen. Abgießen und zurück in den Topf geben. Mit einem Kartoffelstampfer zu einem feinen Püree stampfen. Die Milch mit der Butter erwärmen und zum Kartoffelpüree geben. Ziegenfrischkäse, Salz und Muskat zugeben und gut verrühren.

Die Avocado schälen, vom Kern befreien und in Würfel schneiden. Die Avocadowürfel auf dem Püree anrichten und warm servieren.

Was dazu passt

Marinierter Hokkaidokürbis S. 161

Tomaten-Risoni-Risotto

1 Zwiebel
2 Knoblauchzehen
5 EL Olivenöl
1 TL Zucker
1 TL Vadouvan (indische Gewürzmischung)
800 g Tomatenfruchtfleisch (aus der Dose)

400 g Risoni (reiskorngroße Nudeln)
1 Bund Basilikum, fein geschnitten
50 g geriebener Parmesan
50 g kalte Butter, in Würfel geschnitten
Salz

Zwiebel und Knoblauch schälen und fein würfeln. Das Olivenöl in einem Topf erhitzen und Zwiebel und Knoblauch darin anschwitzen. Zucker und Vadouvan zugeben und kurz andünsten. Die Tomaten dazugeben und 1 Stunde köcheln lassen. Dabei immer wieder rühren, damit nichts ansetzt, und die Sauce auf 300 ml einkochen.

Die Risoni in Salzwasser al dente kochen. Abgießen und mit dem Tomatensugo vermischen, bis eine cremige Konsistenz entsteht. Mit Butter, Parmesan und Basilikum verfeinern und abschmecken.

Für das Topping

125 g Rucola
100 g schwarze Oliven, entsteint
1 EL Olivenöl

Den Rucola mit den Oliven vermengen. Mit Olivenöl und einer Prise Salz marinieren und auf dem Risotto verteilen.

Was dazu passt

Gemüse in der Salzkruste S. 152

Was zur Meze trinken?

Grundsätzlich gilt: Erlaubt ist, was gefällt. Das handhabe ich in meinem Restaurant auch so. Wenn ein Gast einen schweren Rotwein zum leichten Fischgericht möchte, dann bekommt er das. Klar fragen wir ihn, ob er einen Wein empfohlen haben will. Aber wenn er von seiner Auswahl überzeugt ist, dann ist das vollkommen in Ordnung. So ähnlich ist es bei der Frage, was zur Meze serviert bzw. getrunken werden soll: Serviert und trinkt das, was euch und euren Gästen schmeckt. Klar, Wasser gehört immer auf den Tisch, aber ob ihr dazu Wein, Tee oder Ayran anbietet, ob ihr eigene Limonade macht oder später die Raki-Flasche auf den Tisch stellt, bleibt euch überlassen.

Ayran

Ayran ist ein wunderbar erfrischendes Joghurtgetränk, das ausgezeichnet zu scharfem oder deftigem Essen passt und zudem dank der vielen Proteine sehr gesund ist. Ursprünglich aus Anatolien und dem Kaukasus stammend, ist Ayran inzwischen in jedem Supermarkt erhältlich. Oder ihr bereitet Ayran einfach selbst zu: 10-prozentigen Joghurt und kaltes Wasser 1:1 mit dem Schneebesen leicht schaumig schlagen, eine Prise Salz dazu und ab in den Kühlschrank.

Pfefferminztee

Ob heiß oder kalt – Pfefferminztee gehört zu meinen Lieblingsgetränken. Wenn ihr im Sommer auf dem Balkon eine Minzpflanze habt, übergießt ihr einfach eine Handvoll frischer Blätter mit kochendem Wasser und lasst den Tee 10 Minuten ziehen. Probiert einmal unterschiedliche Minztees zu eurer Meze: Marokkanische Minze schmeckt frisch, türkische Minze wird häufig mit Zucker und schwarzem Tee getrunken.

Raki

Der aus Weintrauben gebrannte Raki ist ein türkisches Nationalgetränk, dem Anissamen zur Aromatisierung zugesetzt werden und der mit 40 bis 50 Vol.-% kein Leichtgewicht ist. Stilecht serviert ihr Raki in schlanken, gefrosteten Gläsern: 3 Fingerbreit Raki, dann ebenso viel kaltes Wasser und obendrauf noch einen Eiswürfel. Traditionell trinkt man Raki als Aperitif, er kann aber – in Maßen – auch ein ganzes Meze-Essen begleiten.

Schwarztee

Kräftiger Schwarztee, Cay, ist in der Türkei allgegenwärtig: Zu jeder Tageszeit wird er aus den typischen tulpenförmigen Teegläsern getrunken. Das Besondere ist, dass der Tee mindestens 15 Minuten und länger zieht und dann mit heißem Wasser individuell verdünnt und mit Würfelzucker serviert wird.

Selbst gemachte Limonade

Wenn ihr auf Alkohol verzichten möchtet, könnt ihr neben Tee auch selbst gemachte Limonaden servieren. Ob mit Zitrone, Limette, Rhabarber, Maracuja – euren Ideen sind hier keine Grenzen gesetzt. Ich mache meine Limonade nicht zu süß und füge, je nach Sorte, gerne frische Minze, Zitronenscheiben, etwas Ingwer oder gefrorene Fruchtstücke dazu.

Türkischer Mokka

Der kräftige, intensiv schmeckende türkische Mokka wird in einer speziellen Messing- oder Kupferkanne mit langem Griff zubereitet. Extrafein gemahlenes Kaffeepulver und Zucker werden mit kaltem Wasser aufgegossen und dann unter Rühren aufgekocht. Je nach Geschmack werden Gewürze wie Zimt, Kardamom oder Muskat zugefügt.

Wasser

Dieser Lebensquell ist unverzichtbar, schließlich besteht unser Körper zu 70 Prozent daraus. Für mich gehört eine große Karaffe Wasser auf jeden Meze-Tisch, auch weil es die unterschiedlichen Aromen im Mund wunderbar neutralisiert. Und mit etwas Zitrone, Limette, Minze oder Salatgurke wird im Handumdrehen ein köstliches Getränk daraus.

Wein

Aromatische mediterrane Gerichte vertragen sich gut mit frischen, trockenen bis halbtrockenen Weißweinen, z. B. aus dem Languedoc. Wenn Rotwein ein würziges Essen begleiten soll, dann empfehle ich fruchtige, junge Weine. Oder ihr probiert einmal türkischen Wein: Archäologische Funde von Weinreben zeigen, dass bereits vor 5000 Jahren in der Region Wein getrunken wurde.

Zucchini-Karottenpuffer

1 Zucchini (etwa 300 g)
200 g Karotten
1 Ei
1 TL Speisestärke
1 EL feine Haferflocken
1 TL gehackter Thymian
1 Msp. Currypulver
Salz, Pfeffer, Cayennepfeffer

100 ml Sonnenblumenöl zum Ausbacken

Zucchini waschen, der Länge nach vierteln und die Kerne herausschneiden. Die Karotten schälen. Beide Gemüse grob raspeln und salzen. Das Gemüse 10 Minuten stehen lassen und anschließend mit den Händen etwas ausdrücken. Die restlichen Zutaten zugeben.

Das Sonnenblumenöl in einer beschichteten Pfanne erhitzen. Bei mittlerer Hitze kleine Puffer ausbacken. Sind die Puffer auf beiden Seiten knusprig gebraten, diese herausnehmen und auf Küchenpapier abtropfen lassen. Heiß servieren.

Was zu beiden Puffern passt

Limettencreme S. 58
Avocadosalat mit Kirschtomaten und Rucola S. 85

Erbsen-Hüttenkäsepuffer

100 g Erbsen (TK)
200 g Hüttenkäse
8 Blätter Minze, fein geschnitten
½ TL Ras el-Hanout
2 Eier
3 EL Mehl
Salz

100 ml Sonnenblumenöl zum Ausbacken

Die Erbsen antauen lassen und dann mit einem Stabmixer stoßweise kurz anmixen. Sie sollen nicht püriert werden, sondern lediglich etwas aufplatzen. Den Hüttenkäse dazugeben. Mit Minze, Ras el-Hanout und Salz abschmecken.

Eiweiß vom Eigelb trennen. Eiweiß mit einem Schneebesen oder mit dem Handmixer luftig aufschlagen. Eiweiß und Eigelb unter die Erbsenmasse heben. Dann das Mehl daraufstreuen und unterheben.

In einer beschichteten Pfanne das Sonnenblumenöl erhitzen. Mit einem Esslöffel kleine Häufchen der Erbsenmasse in die Pfanne geben und von beiden Seiten knusprig goldbraun backen. Auf Küchenpapier abtropfen lassen und heiß servieren.

Ricotta-Limetten-Teigtaschen

Nudelteig

500 Wiener Griessler (doppelgriffiges Mehl)
6 Eier
10 g Salz
1 EL Olivenöl

Alle Zutaten mit einer Küchenmaschine zu einem geschmeidigen Teig verarbeiten. Den Teig in Klarsichtfolie wickeln und 1 Stunde im Kühlschrank ruhen lassen.

Füllung

100 g Mandelblättchen
250 g Ricotta
1 Ei
1 EL Thymian
Salz, Pfeffer, Cayennepfeffer
Abrieb von ½ Bio-Limette

Backofen auf 180 °C vorheizen. Die Mandelblättchen im vorgeheizten Ofen 10 Minuten goldbraun rösten und abkühlen lassen. Alternativ können die Mandelblättchen auch in einer Pfanne ohne Fett geröstet werden.

Ricotta, Mandelblättchen, Ei und Thymian vermischen, mit Salz, Pfeffer, Cayenne und Limettenabrieb abschmecken und zu einer homogenen Masse rühren. Diese in einen Spritzbeutel füllen.

Teigtaschen

Nudelteig (800 g)
1 Ei, verquirlt
1 EL Butter zum Glasieren
Abrieb von ½ Bio-Limette

Den Teig mit einer Nudelmaschine 1 mm dünn ausrollen. Die obere Hälfte der Teigbahn mit Ei bestreichen. Darauf die Füllung im Abstand von 5 cm und in der Größe eines ½ Teelöffels aufspritzen. Die untere Hälfte des Teigs über die Füllung klappen und die Luft zwischen der Füllung herausdrücken. Mit einem Ausstecher Halbmonde ausstechen und zu Täschchen formen.

Die Teigtaschen in Salzwasser 3 Minuten al dente kochen. Abgießen und Butter glasieren. Etwas Limettenabrieb über die Teigtaschen streuen. Den restlichen Limettenabrieb extra servieren.

Pasta-Fleckerl mit Okraschoten, Lauch und Kirschtomaten

800 g Nudelteig
(siehe Rezept Ricotta-Limetten-Teigtaschen S. 194)
1 Schalotte
1 Knoblauchzehe
300 g Okraschoten
1 Stange Lauch (nur der weiße Teil)
60 g Butter
1 EL Curry
150 ml Gemüsebrühe
50 ml Sahne
200 g Kirschtomaten
50 g Parmesan, gerieben
Salz

Den Nudelteig in 3 Teile teilen. Den Teig mit einer Nudelmaschine 2 mm dünn ausrollen. Die drei Teigbahnen auf die Arbeitsfläche legen und mit einem Teigrädchen oder einem Messer in unterschiedlich große Stücke schneiden. Die Fleckerl können zwischen 3 und 8 cm groß sein.

Die Schalotte und den Knoblauch schälen und in feine Würfel schneiden. Die Okraschoten waschen, den Strunk entfernen und in 1 cm dicke Scheiben schneiden. Den Lauch der Länge nach halbieren, ebenfalls waschen und in 5 mm dicke Scheiben schneiden.

In einem großen Topf 3 Liter Wasser zum Kochen bringen und kräftig salzen.

Die Butter in einer Pfanne zerlassen und die Schalotte und den Knoblauch darin anschwitzen. Die Okraschoten und den Lauch zugeben und ebenfalls andünsten. Curry hinzufügen und mit Gemüsebrühe und Sahne auffüllen. Alles einmal aufkochen lassen.

In der Zwischenzeit die Pasta-Fleckerl im kochenden Salzwasser 2 Minuten bissfest garen. Abgießen und in die Gemüse-Sahnesauce geben. Die Kirschtomaten und den geriebenen Parmesan unterheben und servieren.

Süße Köstlichkeiten

Baklava, Joghurtcreme, gebackene Feigen, Brombeer-Rahmeis – etwas Süßes geht immer. Manchmal dürfen die Desserts mit Nüssen oder buttrigem Teig etwas mächtiger sein, manchmal ist ein leichtes fruchtiges oder geeistes Vergnügen das Richtige. Ihr findet sicher für euren Geschmack das passende Dessert.

Diese süße, üppige Blätterteigpastete ist fester Bestandteil aller Mittelmeerküchen. Entsprechend zahlreich sind die Rezeptvarianten. Immer dabei: Filo- oder Yufkateig, eine Nussfüllung und natürlich reichlich Sirup aus Zucker oder Honig, mit dem Baklava nach dem Backen getränkt wird.

✦

Baklava

ergibt 1 Backblech mit etwa 30 Stück

Zuckersirup

300 g Zucker
300 ml Wasser
1½ EL Zitronensaft

Zucker und Wasser in einen Topf geben und zum Kochen bringen. 30 Minuten köcheln lassen und zum Schluss den Zitronensaft dazugeben.

Baklava

250 g Butter
1 Packung Filoteig (250 g)
250 g gehackte Pistazien

Die Butter in einem Topf schmelzen, zum Kochen bringen und so lange simmern lassen, bis die Molke verkocht ist. Die Butter durch ein feines Sieb gießen und etwas abkühlen lassen; man kann auch ein normales Sieb verwenden und dieses mit Küchenpapier auslegen. Die gehackten Pistazien unter die Hälfte der Butter rühren.

Den Backofen auf 180 °C vorheizen.

Ein Viertel der Filoteig-Blätter auf ein Backblech legen. Dabei soll jedes Blatt leicht überlappend zum vorhergehenden Blatt gelegt werden. Darauf ein Drittel der Pistazienmasse verteilen. Den Vorgang zwei Mal wiederholen, dann mit den restlichen Teigblättern abschließen.

Das Baklava mit einem scharfen Messer in Stücke von etwa 6 × 6 cm schneiden. Die restliche lauwarme Butter auf dem Teig verteilen und im vorgeheizten Backofen 15 Minuten backen. Die Temperatur auf 160 °C reduzieren und weitere 25 Minuten goldgelb backen.

Das Baklava aus dem Ofen nehmen, sofort mit dem Zuckersirup begießen und auf Zimmertemperatur abkühlen lassen.

TIPP
Wer es nicht so süß mag, kann die Menge des Zuckersirups reduzieren.

Kataifi-Teig, wegen seiner feinen Teigfäden auch Engelshaar genannt, wird beim Backen und Frittieren sehr kross. Diese Knusprigkeit, kombiniert mit der Cremigkeit des Mozzarellas und der Süße der Aprikosen, macht für mich das perfekte Dessert aus.

✦

Künefe mit glasierten Aprikosen

ergibt 4 Stück

Glasierte Aprikosen

1 EL Zucker
500 ml Orangensaft
400 g Aprikosen
1 TL Speisestärke
2 TL Wasser

Den Zucker in einem Topf karamellisieren lassen. Orangensaft zugeben und etwas einkochen lassen. Die Aprikosen waschen, halbieren und vom Stein befreien. Die Aprikosenhälften in 3 Spalten schneiden und zum Orangensaft geben.

Die Speisestärke mit dem Wasser glatt rühren, zum Orangensud geben und unter Rühren die Aprikosen leicht binden.

Sirup

70 g Zucker
70 g Wasser

In einem kleinen Topf Zucker und Wasser zum Kochen bringen und 5-8 Minuten sirupartig einkochen lassen. Den Sirup abkühlen lassen.

Teig

200 g Kataifi-Teig (erhältlich in türkischen Läden)
100 g Butter
1 Mozzarella (125 g)
1 EL Pistazien, fein gehackt

Den Backofen auf 220 °C vorheizen.

Die Kataifi-Teigfäden mit den Händen etwas zerdrücken, dann in 4 cm große Stücke schneiden.

Butter erwärmen, bis sie flüssig ist. 80 g davon über die Teigfäden gießen und diese mit einem Löffel gut vermengen.

Vier Künefe-Schalen (Teller aus Metall und mit Rand) mit der restlichen Butter einfetten, damit der Teig nicht anklebt. Ihr könnt auch ofenfeste Förmchen verwenden. Die Hälfte des Kataifi-Teigs auf die Schalen verteilen und leicht andrücken. Mozzarella abtropfen lassen, in 5 mm dicke Scheiben schneiden und auf die 4 Förmchen verteilen. Mit dem restlichen Kataifi-Teig bedecken und gut andrücken.

Die Förmchen im vorgeheizten Backofen 15-20 Minuten goldgelb backen. Die Künefe aus dem Ofen nehmen und mit je 2 EL Sirup tränken. Mit gehackten Pistazien bestreuen.

Die Künefe sofort servieren und die Aprikosen extra dazu reichen.

Gebackene Feige im Kataifi-Teig mit Haselnussparfait

Haselnussparfait

500 ml Sahne
80 g Nougat
100 g Eigelb (etwa 5 Eier)
20 g brauner Zucker
20 ml Haselnusslikör
2 EL geröstete ganze Haselnüsse

Sahne in eine hohe Schüssel geben und mit einem Handrührgerät steif schlagen. In den Kühlschrank stellen.

Nougat im Wasserbad schmelzen lassen. Eigelb und Zucker in einem separaten Wasserbad langsam aufschlagen. Der Zucker soll sich komplett auflösen, das Eigelb soll 50 °C warm sein.

Haselnusslikör mit dem Nougat zum aufgeschlagenen Eigelb geben und gut verrühren.

Die Sahne in 3 Etappen vorsichtig unterheben. Die gerösteten Nüsse zugeben und das Parfait in Silikon-Halbkugeln oder in einer Terrinenform mindestens 8 Stunden gefrieren lassen.

Vor dem Anrichten das Parfait aus den Formen nehmen und 10 Minuten antauen lassen. In der Zwischenzeit die Feigen vorbereiten und warm dazu servieren.

Gebackene Feigen

1 l Sonnenblumenöl zum Ausbacken
4 reife Feigen
1 EL Mehl
1 Ei
100 g Kataifi-Teig
(Engelshaar, erhältlich in türkischen Läden)

Das Sonnenblumenöl in einen hohen Topf geben und auf 170 °C erhitzen.

Die Feigen waschen, abtrocknen und mit dem Mehl bestäuben. Das Ei in eine kleine Schüssel aufschlagen und etwas verquirlen. Die bestäubten Feigen durch das Ei ziehen und mit den Kataifi-Teigfäden locker umwickeln.

Ist das Frittierfett heiß, die Feigen darin 3-4 Minuten goldbraun ausbacken. Herausnehmen und auf Küchenpapier abtropfen lassen.

TIPP
Der restliche Kataifi-Teig kann problemlos eingefroren werden – das nächste Dessert lässt sicher nicht lange auf sich warten.

Lemon-Tartelettes

ergibt 4 Tartelettes

Tarte-Teig

200 g Mehl
25 g Mandelgrieß
75 g Zucker
120 g Butter (Raumtemperatur)
2 g Salz
1 Ei (Größe M)

Alle Zutaten in eine Schüssel geben und 3 Minuten zu einem homogenen Teig kneten. Den Teig abdecken und 1 Stunde im Kühlschrank ruhen lassen.

Den Backofen auf 180 °C vorheizen.

Den Teig 3 mm dick ausrollen. 4 Tartelette-Formen mit 8 cm Durchmesser mit dem Teig auskleiden. Im vorgeheizten Ofen 10 Minuten goldgelb backen. Herausnehmen und auskühlen lassen. Den Backofen auf 160 °C stellen.

Lemon Curd

Saft und Abrieb von 2 Bio-Zitronen
80 g Puderzucker
3 Eier (Größe M)
90 g Butter

Alle Zutaten in einen kleinen Topf geben und unter ständigem Rühren langsam aufkochen. Dabei auch am Boden des Topfes gut rühren, damit nichts ansetzt. Sobald die Masse eine puddingartige Konsistenz annimmt, in eine Schüssel umfüllen.

Die Tartelettes mit dem Lemon Curd füllen. Bei 160 °C im Backofen 12-14 Minuten fertigbacken.

Saftiger Schokoladen-Macadamia-Brownie

ergibt 36 Stück

2 Eier
130 g brauner Zucker
120 g Butter
75 g Zartbitter-Kuvertüre
1 TL Vanillepaste
120 g Mehl
100 g Macadamia-Nüsse, grob gehackt
Backrahmen 30 × 30 cm

Den Backofen auf 170 °C vorheizen.

Die Eier schaumig schlagen. Den Zucker einrieseln lassen und schlagen, bis er sich aufgelöst hat und die Masse cremig ist.

Die Butter in einem Topf schmelzen lassen. Die Kuvertüre hacken, zur Butter geben und schmelzen lassen. Den Topf vom Herd nehmen und das schaumig geschlagene Ei unter die Butter-Schokoladenmasse heben. Die Vanillepaste zugeben. Das Mehl darübersieben und vorsichtig unterheben.
Die Macadamia-Nüsse hinzufügen.

Ein Backblech mit Backpapier auslegen, den Rahmen daraufsetzen und den Teig einfüllen. Den Brownie 25-30 Minuten saftig backen. Aus dem Ofen nehmen und in 5 × 5 cm große Stücke schneiden.

TIPP

Wenn ihr keine Vanillepaste zur Hand habt, verwendet ihr einfach eine Vanilleschote. Diese der Länge nach halbieren, das Fruchtmark auskratzen und zur Butter-Schokoladenmasse geben. Die ausgekratzte Schote könnt ihr zusammen mit Zucker in ein kleines Schraubglas geben – so bekommt ihr einen wunderbaren Vanillezucker.

4

Süß und lecker

1 Künefe mit glasierten Aprikosen (S. 203)
2 Gebackene Pfirsiche (S. 214)
3 Türkische Joghurtcreme mit Pistazien und Erdbeeren (S. 213)
4 Baklava (S. 200)
5 Saftiger Schokoladen-Macadamia-Brownie (S. 208)
6 Gebackene Feige im Kataifi-Teig (S. 204)

Türkischer Joghurt kombiniert mit Nüssen und Honig ist ein Klassiker der mediterranen Nachspeisen. Ich persönlich bevorzuge die frische Variante mit Beeren und Früchten. Im Frühsommer sind dies Erdbeeren, später im Jahr gebratener Pfirsich oder marinierte Melonen. Schmeckt immer lecker. Und einen Esslöffel Honig gibt es auch – in der Joghurtcreme.

✦

Türkische Joghurtcreme mit karamellisierten Pistazien und Erdbeeren

Türkische Joghurtcreme

100 ml Sahne
500 g türkischer Joghurt (10 % Fett)
Abrieb und Saft von 1 Bio-Zitrone
1 EL Honig

Sahne mit einem Handrührgerät steif schlagen. Joghurt in eine große Schüssel geben. Den Zitronenabrieb zum Joghurt geben. Saft von ½ Zitrone zugeben und mit Honig abschmecken. Dann die steif geschlagene Sahne unterheben und die Creme in 4 Schalen oder Gläser füllen und kalt stellen.

Karamellisierte Pistazien

80 g geschälte Pistazien
50 g Puderzucker

Pistazien in eine Pfanne geben und bei mittlerer Hitze langsam rösten. Die Hitze reduzieren und die Hälfte des Puderzuckers zugeben. Die Pistazien sollen vom Zucker ummantelt sein. Dann den restlichen Puderzucker zugeben und unter Rühren karamellisieren. Die Pistazien abkühlen lassen.

Zum Abschluss

500 g Erdbeeren

Erdbeeren waschen, den Strunk entfernen und je nach Größe vierteln oder halbieren.

Die Erdbeeren auf der Joghurtcreme verteilen und mit den karamellisierten Pistazien bestreuen.

Buttermilch-Mousse mit Holunderblüte und gebackenem Pfirsich

Buttermilch-Mousse

250 g Buttermilch
60 g Joghurt
150 g Sahne
80 ml Holunderblütensirup
1 gestr. TL Agar Agar
Abrieb und Saft von 2 Bio-Zitronen

Die Buttermilch und den Joghurt in eine große Schüssel geben. Die Sahne steif schlagen und kalt stellen.

Den Holunderblütensirup mit dem Agar Agar verrühren, in einem kleinen Topf erwärmen und 2 bis 3 Minuten kochen lassen. Dann vom Herd nehmen und etwas abkühlen lassen.

Die Zitronen waschen, die Schale abreiben und anschließend den Saft auspressen. Abrieb und Saft der Zitrone unter die Buttermilch-Joghurtmischung rühren, dann Holunderblütensirup mit Agar Agar zugeben und unterrühren. Sobald die Masse genügend abgekühlt ist, die Sahne vorsichtig unterheben. Die Mousse in Gläser füllen und kalt stellen.

Gebackener Pfirsich

500 g reife Pfirsiche
1 EL brauner Zucker
1 Zimtstange
Abrieb von 1 Bio-Zitrone
1 EL Honig

Die Pfirsiche waschen, halbieren, den Stein entfernen und die Pfirsichhälften in eine ofenfeste Form legen. Zucker, Zimt, Zitrone und Honig zu den Pfirsichen geben, vermischen und 30 Minuten marinieren lassen.

Den Backofen auf 180 °C vorheizen.

Die Pfirsiche im vorgeheizten Backofen 15 Minuten backen. Die Pfirsiche auskühlen lassen und mit der Buttermilch-Mousse servieren.

Karamellisierte Passionsfruchtcreme mit marinierter Mango

Passionsfruchtcreme

½ Vanilleschote
110 g Passionsfruchtmark
370 g Sahne
75 g Zucker
7 Eigelb (140 g)

Den Backofen auf 120 °C vorheizen.

Die Vanilleschote der Länge nach halbieren und mit einem Messer das Mark herauskratzen. Vanillemark, Passionsfruchtmark, Sahne und Zucker in einem Topf auf 50 °C erwärmen.

Das Eigelb in eine Metallschüssel geben und die heiße Passionsfrucht-Sahnemischung unter ständigem Rühren dazugießen. Die warme Masse durch ein Sieb passieren und in 4 flache Schälchen füllen. Wichtig ist, die Schalen maximal 4 cm hoch zu befüllen, damit die Creme schneller fest wird.

Die Schalen in ein tiefes Backblech stellen und das Blech mit heißem Wasser auffüllen, sodass die Schalen zu einem Drittel im Wasser stehen. Je nach Größe der Formen 20-30 Minuten im Backofen stocken lassen. Herausnehmen und im Kühlschrank erkalten lassen.

Marinierte Mango

1 reife Mango
Abrieb und Saft von ½ Bio-Limette
10 g Puderzucker

Die Mango schälen und an beiden Seiten entlang des Kerns halbieren. Anschließend die Mango in Würfel von 1 cm schneiden und mit dem Abrieb und dem Saft der Limette marinieren. Den Puderzucker darüberstreuen und einige Minuten ziehen lassen.

Zu guter Letzt

1½ EL brauner Zucker
Bunsenbrenner

Die Passionsfruchtcreme mit braunem Zucker bestreuen und mit dem Bunsenbrenner karamellisieren. Dazu die marinierte Mango servieren.

Quarkeis mit Rhabarber-Himbeer-kompott

Quarkeis

Saft und Abrieb von 1 Bio-Zitrone
Saft und Abrieb von 1 Bio-Orange
350 g Quark
250 g Joghurt
250 g Puderzucker
150 g Sahne

Zitrone und Orange waschen, die Schale abreiben und den Saft auspressen. Schale und den gesamten Saft in ein hohes Behältnis geben und die restlichen Zutaten hinzufügen. Mit einem Stabmixer gut vermengen. Die Masse in eine Eismaschine geben und gefrieren lassen.

Rhabarber-Himbeerkompott

500 g Rhabarber
100 g Zucker
100 g Wasser
250 g frische Himbeeren
½ Vanilleschote

Den Backofen auf 180 °C vorheizen.

Den Rhabarber waschen und in 2 cm große Stücke schneiden.

Zucker und Wasser aufkochen. Die Hälfte der Himbeeren zugeben. Das Vanillemark auskratzen und mit dem Rhabarber zu den Himbeeren in den Topf geben. Zugedeckt im vorgeheizten Backofen 10-15 Minuten garen.

Den Rhabarber abkühlen lassen, mit den restlichen Himbeeren garnieren und mit dem Eis in einer Schale servieren.

Brombeer-Rahmeis mit Espressoschaum

Brombeer-Rahmeis

125 g Milch
125 g Sahne
60 g Zucker
3 Eigelb
165 g Brombeerpüree
(z. B. von Boiron oder Ponthier)
20 ml Brombeerlikör

Die Milch mit der Sahne und dem Zucker aufkochen. Die Eigelbe in eine Schüssel geben. Die kochende Mischung unter kräftigem Rühren zum Eigelb geben.

Brombeerpüree und Likör zur Eigelb-Sahnemasse geben und abkühlen lassen. Anschließend in einer Eismaschine gefrieren lassen.

Espressoschaum

150 ml Espresso
50 g Puderzucker
350 ml flüssige Sahne

Den kalten Espresso mit dem Puderzucker vermengen. Die Sahne dazugeben und die Masse in einen Sahnesiphon füllen. Zwei Gaskartuschen eindrehen und 2 Stunden im Kühlschrank kalt stellen.

Anrichten

Den Espressoschaum in Schälchen anrichten und in die Mitte jeweils eine Kugel Brombeer-Rahmeis setzen.

TIPP

Brombeerpüree kann leicht selbst gemacht werden: 250 g Brombeeren (TK) in einem Topf aufkochen und durch ein Sieb drücken, damit die Kerne zurückbleiben. Dann die benötigte Menge Püree abwiegen.

Register

Rezepte Ali Güngörmüs
Mitarbeit Rezepte Thomas Ludwig
Texte Ali Güngörmüs
Mitarbeit Texte Martina Kunrath
Fotografie Sandra Eckhardt
Foodstyling Michael Koch
Prob Styling Barbara Emmel
Weitere Requisiten Geliebtes Zuhause und Annika Schüler Porcelain
Make-up Artist Jestina Schamberger
Lektorat Martina Kunrath
Korrektorat Susanne Langer-Joffroy
Gestaltung, Typografie, Realisation Andrea Högerle

Für den DK Verlag:
Programmleitung Monika Schlitzer
Projektbetreuung Bruni Thiemeyer
Herstellungsleitung Dorothee Whittaker
Herstellungskoordination Bettina Bähnsch
Herstellung Sophie Schiela

ISBN 978-3-8310-4357-6

Repro Boris Wick, Oberrot
Druck und Bindung L.E.G.O. S.p.A., Italien

MIX
Papier | Fördert gute Waldnutzung
FSC® C023419
FSC www.fsc.org

www.dk-verlag.de

Ali Güngörmüs

Der charismatische TV-Koch Ali Güngörmüs verbindet in seinen Rezeptkreationen fantastische Aromen und Gewürze der mediterranen Küche mit den Inspirationen der orientalischen Küche und einem Hauch von 1001 Nacht. Wer Alis Küche genießen will, ohne selbst den Kochlöffel zu schwingen, kann das in seinem Restaurant »Pageou« sowie in der »Pera Meze-Bar« in München tun oder ihm in diversen TV-Shows beim Kochen zuschauen (u.a. Koch's anders, Die Küchenschlacht, Grill den Henssler).

Man muss sie alle haben: Die inspirierenden Kochbücher von Ali Güngörmüs

978-3-8310-4186-2

978-3-8310-3643-1

978-3-8310-2786-6